<그리스도인이면 꼭 알아야 할 성경 지식>

창세기

제2권 노아의 홍수와 바벨탑의 심판(6-11장)

서울솔로몬학교 성경연수원

차 례

제 1 과 신화에 나오는 신들과 그 기원 / 5

제 2 과 노아의 홍수에 관한 과학적 증거들 / 19

제 3 과 노아의 홍수에 관한 370일간의 기록 / 33

제 4 과 카나안은 왜 저주를 받았는가? / 45

제 5 과 성경과 인류학 / 57

제 6 과 바벨탑의 심판과 언어의 혼란 / 71

이 책에 인용된 성경 구절은 〈한글킹제임스성경〉입니다.

제1과

신화에 나오는 신들과 그 기원 (6:1-4)

『그 당시에 땅에는 거인들이 있었고, 그 후에도 있었으니, 즉 하나님의 아들들이 사람의 딸들에게 들어와서 그녀들이 그들에게 자식들을 낳았을 때며, 그들은 옛날의 용사들로 유명한 사람들이 되었더라』(창 6:4).

신화 속의 신들과 그 기원

"티베트"의 고대 라마교도들은 라마교도가 되려는 사람들에게 특이한 수술을 시행했는데, B.C. 2000년경에 행한 "뇌 전두엽 수술"로서 이마 정중앙에 있는 "송과선"(松果腺, pineal gland)이라는 분비샘과 관계있는 수술이었다. 이를 통해 그들은 소위 "제3의 눈"이라고 불리는 "모든 것을 보는 눈"(All-Seeing-Eye)이 그 사람의 이마 한가운데에 형성된다고 믿었다. 이런 유형의 "외눈"은 한국, 중국, 일본, 인도 등의 부처들도 달고 있으며, 특히 힌두교의 여성들 사이에서는 "상류 계급"의 표식이 되어 왔다.

그 "원조"는 신들이라 불리는 "거인들"의 세계에서 내려온 것으로 알려져 왔는데, 이와 관련하여 몇몇 탐험가들이 "티베트"의 수도원들 아래에 뚫려 있는 동굴 안에 들어갔다가 간신히 살아 나온 적이 있었다. 그들의 증언에 따르면 그 동굴 안에 거대한 관들이 놓여 있었는데, 그 관들은 키가 4-6미터 되는 사람들, 즉 "거인들"을 넣는 관들이었다. "쥬피터"(제우스) 같은 지하 세계의 거인들, 특히 "외눈박이 거인 사이클롭스" 같은 거인들 말이다. 또한 그 관들의 색깔은 모두 검은색이었고, 그 관들을 지키는 사제들은 모두 검은 옷을 입고 있었으며, 터널로 통하는 문들은 온통 검은색으로 칠해져 있었다고 한다(피터 S. 럭크만의 책 〈UFO를 둘러싼 음모〉, pp.224,228에서 발췌).

성경에서 "신들"(gods)이라 불리는 존재들

1. 성경에서 "신들"(gods)이라 불리는 존재들(고전 8:5)

1) "**마귀**"(고후 4:4)

➡ 『**이 세상의 신**』(고후 4:4)이자, 『**이 세상의 통치자**』(요 12:31; 14:30; 16:11)로 군림하면서 예수 그리스도를 믿지 않는 죄인들을 지옥으로 끌고 가고 있다.

2) "**정사들, 권세들, 이 세상 어두움의 주관자들, 높은 곳들에 있는 영적 악**"(엡 6:12)

➡ 사탄의 왕국 내에 일종의 "고위급 통치자들"에 해당하는 존재들로서 십자가를 통해 그 정체가 드러났고 참패했으며(골 2:14,15), 부활하신 예수 그리스도의 발아래 놓여 있다(엡 1:21,22).

3) "**타락한 천사들**"(시 82:6,7)

➡ 자기들의 처음 지위를 지키지 않고 그 처소를 떠난 범죄한 천사들로서(유 1:6), "사람의 형상"을 입고(행 14:11) 이 땅에 내려와 사람들의 딸들을 취하여 "거인들"을 낳았다(창 6:1-4).

4) "**하나님의 말씀이 임한 사람들**"(요 10:34,35)

➡ 모세처럼(출 7:1) 하나님의 말씀이 임하고, 또 하나님을 대신해서 백성들에게 의를 행하고 재판하며 통치하는 재판관들, 곧 그러한 이스라엘의 통치자들도 신들로 불린다.

5) “**성경에 나오는 신들의 이름**”(총 24개 - “가나다순” 배열)

➟ (1) “**네르갈**”(Nergal, 왕하 17:30), (2) “**느보**”(Nebo, 사 46:1), (3) “**니스록**”(Nisroch, 왕하 19:37, 사 37:38), (4) “**닙하스**”(Nibhaz, 왕하 17:31), (5) “**다곤**”(Dagon, 판 16:23, 삼상 5:2-5,7, 대상 10:10), (6) “**다이아나**”(Diana, 행 19:24,27,28,34,35), (7) “**림몬**”(Rimmon, 왕하 5:18), (8) “**머큐리**”(Mercurius, 행 14:12), (9) “**몰렉**”[Molech, 레 18:21; 20:2-5, 왕상 11:7, 왕하 23:10, 렘 32:35, “**몰록**”(Moloch, 암 5:26, 행 7:43)] (10) “**밀콤**”(Milcom, 왕상 11:5,33, 왕하 23:13), (11) “**바알**”(Baal, 민 22:41, 판 2:11,13; 3:7; 6:25,28,30-33; 10:6,10 등), (12) “**벨**”(Bel, 사 46:1, 렘 51:44), (13) “**숙콧브놋**”(Succoth-benoth, 왕하 17:30), (14) “**아남멜렉**”(Anammelech, 왕하 17:31), (15) “**아드람멜렉**”(Adrammelech, 왕하 17:31), (16) “**아스타롯**”[Ashtaroth, 판 2:13; 10:6, 삼상 7:3,4; 12:10; 31:10, “**아스토렛**”(Ashtoreth, 왕상 11:5,33, 왕하 23;13)], (17) “**아시마**”(Ashima, 왕하 17:30), (18) “**쥬피터**”(Jupiter, 행 14:12,13; 19:35), (19) “**카스토**”(Castor, 행 28:11), (20) “**크모스**”(Chemosh, 민 21:29, 판 11:24, 왕상 11:7,33, 왕하 23:13, 렘 48:7,13,46), (21) “**카운**”[Chiun, 암 5:26 - 『**몰록과 카운의 장막**』, “**렘판**”(Remphan, 행 7:43)], (22) “**타르탁**”(Tartak, 왕하 17:31), (23) “**탐무스**”(Tammuz, 겔 8:14), (24) “**폴럭스**”(Pollux, 행 28:11)

『비록 하늘에나 땅에나 신들이라고 불리는 (많은 신들과 많은 주들이 있어도)』(고전 8:5), 이들은 궁극적으로 경배의 대상이 될 수 없는 “거짓 신들”에 불과하고, 오직 『한 분 하나님, 아버지』(고전 8:6)만이 『신들 중의 신이시요 왕들 중의 주시며』

(단 2:47), 『신들 중의 **주** 하나님』(수 22:22), 곧 『참 하나님』(렘 10:10)이시라는 것이 성경의 결론이다. 『너희는 두려워 말고, 무서워 말라. 내가 그때로부터 너에게 말하며 선포하지 않았더냐? 너희가 곧 나의 증인들이니라. 나 외에 하나님이 있더냐? 정녕, 다른 하나님은 없나니 나는 아무도 알지 못하노라』(사 44:8).

2. 외계에서 내려온 신들(행 14:11-13; 19:35)

◆ 신들의 계보 ◆

"제우스"(쥬피터)는 크로노스(Cronus)와 레아(Rhea), 곧 "아버지 시간"과 "어머니 자연"의 막내아들이었으며, 크로노스와 레아는 오누이 관계였다. 크로노스(Saturn, 사투르누스)는 바빌론 신화의 니누스(Ninus)였고, 이는 님롯(Nimrod)의 또 다른 이름이다. 크로노스는 키클롭스(Cycrops)의 왕이자 형제였다. 이들은 모두 "함족"(창 10:8-11; 11:17)에서 나온 적그리스도의 예표들이었다. "알렉산더 히슬롭"(〈두 개의 바빌론, The Two Babylons〉, pp.32,33)의 설명에 따르면 "크로노스"란 말은 "뿔이 난 자"(단 7:7,8)와 "숨겨진 자"(창 3:10)를 의미한다. 크로노스는 자신의 자식들을 먹는 식인종이었는데, 제우스가 그의 자식들을 풀어 주었다. 곧 제우스가 자기 형제들과 누이들(포세이돈, 하데스, 헤라, 데메테르, 헤스티아)의 도움을 받아 자기 아버지를 타도했던 것이다.

제우스는 하늘의 신이었다. 그의 이름은 "밝은 하늘"(bright sky) 또는 "빛을 내는 자"(shining one)를 의미한다. 그는 모든 생명과 계시의 창시자였고 모든 정의와 진리가 그에게서 나왔다. 아카디아(Arcadia)

에서는 인간을 제물로 바치는 제사들이 그에게 드려졌는데, 이것은 "정결의 제사"로 속죄하는 것이었다. 독수리와 상수리나무는 그에게 성스러운 것이었다. 제우스는 그의 누이 헤라(Hera, 신들의 여왕)와 동거했다. 로마인들은 그녀를 "쥬노"라고 부른다. 그녀는 아레스(마르스)와 헤파이스투스(벌컨)를 낳았다. 그 후에 그는 그의 다른 누이인 데메테르(Demeter)와 음행했고, 그녀는 페르세포네(프로스페리네)를 낳았다. 하데스(플루토)는 지하 세계의 왕으로서 검은 염소를 제물로 받았는데, 페르세포네를 납치하여 지하 세계로 데려가서 그의 아내로 삼았다.

제우스는 그의 두 여동생과 혼인하고도 만족하지 못하였기 때문에, 그 이후로 마이아(Maia)를 임신시켜 헤르메스(머큐리)와 레토(Leto)를 낳게 했고, 또한 아폴로와 아르테미스(다이아나)를 낳게 했다. 헤르메스의 아들은 파우누스(Faunus, 염소 신 Pan)였다. 아르테미스(다이아나)는 에베소에서 숭배를 받았는데(행 19:28), 하늘에서 떨어진 검은 운석으로 여겨졌고(행 19:35), 또한 성스러운 돌인 바에틀(Baetyl)로 알려졌다. 두 개의 제국을 이루는 "교회-국가들," 곧 로마카톨릭과 이슬람교는 검은색의 성스러운 돌을 가지고 있는데, 로마카톨릭은 아일랜드에 "블라니 돌"(Blarney Stone)을 갖고 있고, 이슬람교는 메카의 카바(Ka'aba)에 "검은 돌"(Black Stone)을 갖고 있다(〈럭크만 주석성경〉 부록 32에서 발췌).

1) **고대의 모든 사람은 한때 "신들"이 지구에 내려왔었다고 믿었으며**, 오늘날에도 "신들"이 다시 나타나기를 기다리는 사람들이 많다(폰 다니켄(Von Daniken)의 책, 〈외계에서 온 신들, Gods From Outer Space,

1968)]. 『**신들이 사람의 형상을 입고 우리에게로 내려오셨다**』(행 14:11).

2) 이 땅에는 외계에서 온 이 "신들"을 숭배하고 섬기는 "**제사장들**"이 있고, 그 숭배는 "**소들**"과 연관되어 있다(행 14:13).

3) 사람들이 기다리는 "두 신"은, 태양계 내의 가장 큰 "행성"(목성, Jupiter)에서 온 『**쥬피터**』(Jupiter, 행 14:12)라는 "최고신"(最高神)과 그 최고신을 위해 말을 하는(cf. 계 13:11-15) "통역하는 존재"인 『**머큐리**』(행 14:12)이다.
   (1) 사람들은 "**남성**"(man, 행 14:11)인 신들을 찾고 있으며, 그들이 기다리는 그 신은 자기가 온다는 소식을 전해 줄 "**선지자**"를 대동할 것이다.
   (2) "**적그리스도**"는 외계에서 올 것이고 그가 오는 것은 한 "**거짓 선지자**"에 의해 알려질 것이다(cf. 계 13:11-15).

4) 전에 "신들"이 지상에 있었을 때(창 6:1-4, 행 14:11) 사람들은 그들에게 "**이름들**"을 붙여 주었고[쥬피터(제우스), 쥬노(헤라), 넵튠(포세이돈), 비너스(아프로디테), 마스(아레스), 플루토(하데스), 베스타(헤스티아), 세레스(데메테르) 등], 그들과 사람들의 딸들 사이에 태어난 "**거인들**"(창 6:4)에게도 이름들이 붙여졌다[오딘(우오덴), 프리가(프리카), 도르, 비다르, 발데르, 호두르, 티르, 하임달, 발크리예스 등].

5) 『**그때 성읍의 사무장이 무리를 진정시키며 말하기를 "에베소 사람들이여, 에베소인의 성읍이 위대한 다이아나 여신과 쥬피터로부터 떨어져 나온 신상의 숭배자란 사실을 모르는 자가 누구리요?**』(행 19:35)

➠ "다이아나"는 해와 달의 여신으로서 "모든 생명의 근원"으로 알려져 왔다. 바빌론인들은 이 여신을 "아스타르테" 또는 "이쉬타르" 등으로 불렀고, 유대인들은 "하늘의 여왕"(렘 7:18; 44:17-19,25)으로 불렀으며, 로마카톨릭에서는 "마리아"로 부르고 있다[그 외에도 비너스, 쥬노, 베스타, 미네르바, 키벨레(신들의 어머니), "어머니 여신" 등으로 불림]. 성경은 또한 『**큰 바빌론... 창녀들과 가증한 것들의 어미**』(계 17:5)라고 말씀한다.

6) 전에 등장했던 "신들"은 "노아의 홍수" 때 사람들처럼 물에 빠져 죽었고(몸들, 시 82:6,7), 그 "영들"은 지금 영원한 사슬에 묶인 채 "백보좌 심판" 때까지 지옥의 흑암 속에 갇혀 있다(유 1:6, 벧전 3:19). 휴거 이후 대환란 때에는 이런 "타락한 천사들"이 하늘에서 한 번 더 내려오게 될 것인데, 그 "신들"은 반드시 이 땅에 다시 나타날 것이다(마 24:15, 단 2:43, 계 12:9, cf. 벧후 2:4, 유 1:6).

3. 신들의 기원 (1) : "하나님의 아들들"이 "사람들의 딸들"에게 들어옴(창 6:1-3)

1) "하나님의 아들들"은 소위 경건한 계보를 따라 나왔다고 하는 "셋의 아들들이 아니며," "사람들의 딸들" 역시 불경건하고 사악한 "카인의 딸들이 아니다."

2) 성경에서 "하나님의 아들" 또는 "하나님의 아들들"로 불리는 존재들

(1) "예수 그리스도"(『하나님의 아들[the Son of God]』, 요 20:31, 행 8:37, 롬 1:4)

(2) "**아담**"(『**하나님의 아들**[the son of God]』, 눅 3:38)

(3) "**거듭난 그리스도인들**"(『**하나님의 아들들**[the sons of God]』, 요 1:12, 롬 8:14,19, 빌 2:15, 요일 3:1,2)

(4) "**회복된 이스라엘 자손들**"(재림, 『**살아 계신 하나님의 아들들**[the sons of the living God]』, 호 1:10)

(5) "**천사들**"(『**하나님의 아들들**[the sons of God]』, 욥 1:6; 2:1; 38:7 ➠ 창 6:2,4)

3) 하나님의 아들들인 "**천사들**"이 자기들의 처음 지위를 지키지 않고 자기들의 처소를 떠나(유 1:6) 이 땅에 내려와서 사람들의 딸들인 "**인간 여성들**"에게로 들어와 동침함으로써 "거인들"을 낳았다.

(1) **천사들은 비정상적인 방법으로 "육체"를 소유했다**. 『**주께서 말씀하시기를 "내 영이 항상 사람과 다투지는 않으리니, 이는 그[사람]도 육체임이라**[천사가 육체를 입었다는 사실을 전제로 두고 있는 표현]. **그래도 그의 날들이 일백이십 년이 되리라." 하시니라**』(창 6:3).

(2) 천사들은 성이 여성이나 중성이 아니고 "**남성**"이기에(창 19:1-15, 판 13:3-21, 행 1:10, 갈 4:14, 계 21:17), "하늘"에서가(마 22:30) 아닌 이 "**땅**"에 있는 상황에서는 여성들과 결합하여 생식하고 자녀들을 낳아 번성할 수 있다.

(3) 천사들은 본래 "영들"(시 104:4, 히 1:7)이지만, 타락한 천사들은 "몸"을 입음으로써 사람들처럼 죽게 되었다. 『**그러나 너희가 사람들처럼 죽게 될 것이며 통치자들 중의 하나같이 쓰러지리라**』(시 82:7, "노아의 홍수").

(4) **당시 이들은 이 땅에 내려왔을 때 "신들"과 "용사들"로 불렸다**. 『**하나님께서는 용사들의 회중 가운데 서 계시며 그는 신들 가운데서 판단**

하시는도다... 내가 말하기를 "너희는 신들이며 너희 모두는 지극히 높으신 분의 자손들이라』(시 82:1,6).

4. 신들의 기원 (2) : "거인들"(창 6:4)

1) 하나님의 아들들과 사람들의 딸들의 결합을 통해 태어난 "**비정상적인 돌연변이들**,"[1] 곧 『**거인들**[giants]』은 당대에 『**옛날의 용사들로 유명한 사람들**』(창 6:4)로 불렸다.

2) 노아의 홍수가 일어난 당대에 존재했던 "거인들"은 **홍수 이후에도 등장했는데**, 곧 『**아낙인들**』(신 2:11, cf. 민 13:33), 『**엠인들**』(신 2:11), 『**삼숨인들**』(신 2:20), 『**바산 왕 옥**』(신 3:11, 수 12:4; 13:12), 『**골리앗**』(삼상 17:4), 『**이스비브놉**』(삼하 21:16), 『**삽**』[삼하 21:18, 『**십패**』(대상 20:4)], 『**라흐미**』(대상 20:5, cf. 삼하 21:19), 『**키가 큰 사람**』(대상 20:6, cf. 삼하 21:20) 등의 거인들이 이 땅에 존재했던 것이다.

3) 이들 "거인들"은 그리스 로마 신화에 나오는 "신들"처럼 비도덕적이고 잔인하며 복수하기를 좋아하고 음행을 즐기는 변태성욕자들이었다.

4) 노아의 시대에 만연했던 "더럽고 가증한 결합"에는 "동물들"도 관련되어 있었는데, 이런 이유로 하나님께서는 노아의 홍수 때 동물들까지 모두 죽이셨다(창 6-9장). 이것은 "수간"에 관련된 동물들은 모두 죽어야 했음을 보여 준다(레 20장).

---

1) 보통 성인의 7-8배 정도 되는데, 그 후예들은 점점 작아지기도 하여 골리앗처럼 2-3배 정도 크기인 경우도 있었다.

5) **이교도의 많은 "신들"이 "인간과 동물이 결합한" 기괴한 "잡종"의 모습을 띠고 있는 것은 결코 우연한 일이 아니다**(팬, 배스트, 다곤, 몰렉, 가네사, 가루다, 커누노스, 톳, 하누맨 등).

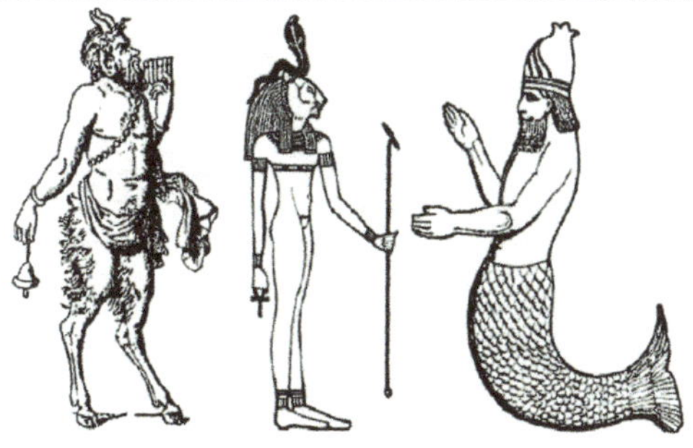

노아의 시대에 세상은 하늘의 천사들이 자기들의 위치를 떠나 땅으로 내려와 인간과 섞일 정도로 죄악이 극에 달했고, 부패와 혼란과 폭력으로 사회 질서가 어지럽게 되었다(창 6:11,12). 결국 하나님께서는 창세기 1:2에서 사탄의 반역으로 죄로 물든 이 우주를 물로 심판하셨듯이, 이 땅, 곧 지구를 물, 즉 엄청난 홍수로 심판하기로 결정하시게 된다(창 6:5-7).

■ 새롭게 깨달았거나 적용할 내용이 있다면 적어 보세요. ■

제1과
복습문제

1. 『(   )의 아들들이 (   )들의 딸들이 아름다운 것을 보고 그들이 택한 모든 자를 (   )들로 삼으니라』(창 6:2).

2. "거인들"에 관한 내용은 그리스 로마 신화에나 등장하는 이야기이므로 "실제 사건"과는 무관하다. (O , X)

3. 창세기 6:2에서 "사람들의 딸들"을 아내들로 삼은 "하나님의 아들들"은 경건한 계보에 속한 "셋의 후손들"을 가리킨다. (O , X)

4. 『**주**께서 말씀하시기를 "내 영이 항상 사람과 다투지는 않으리니, 이는 그 사람도 (   )임이라. 그래도 그의 날들이 일백이십 년이 되리라." 하시니라』(창 6:3).

5. 『그 당시에 땅에는 거인들이 있었고, 그 후에도 있었으니, 즉 (   )의 아들들이 (   )의 딸들에게 들어와서 그녀들이 그들에게 자식들을 낳았을 때며, 그들은 옛날의 (   )들로 유명한 사람들이 되었더라』(창 6:4).

■ 복습 문제의 정답은 홈페이지(www.solomonbtc.org)에서 확인할 수 있습니다.

NOTES

NOTES

제2과

노아의 홍수에 관한 과학적 증거들 (6:5-22)

『보라, 나 곧 내가 땅 위에 물들로 홍수를 일으켜 생명의 호흡이 있는 모든 육체를 하늘 아래로부터 멸망시키리니, 땅에 있는 모든 것이 죽으리라』(창 6:17).

노아의 홍수의 역사성

노아의 홍수의 역사성은 의심할 여지가 없다. **성경의 "무오한" 증거 이외에도 홍수에 관한 기록은 전 세계적으로 남아 있다.** 대홍수의 기록을 보여 주는 오래된 문서들도 많이 있는데, 고대 바빌론 지역(니푸르)에서 발견된 서판 조각에는 이에 관한 내용이 선명하게 기록되어 있다. 영국의 인류학자였던 제임스 조지 프레이저(1854-1941)는 홍수에 관한 138여 개의 기록을 수집했는데, 그 자료가 앗시리아인들의 기록에서부터 고대 그리스인들의 기록, 페니키아인들, 이집트인들, 멕시코인들, 중국의 고전, 폴리네시안, 영국의 드루이즈족, 말레이시아인들, 동아프리카인들, 인도의 리그베다, 알라스카, 아이슬란드의 기록들 등에 이르기까지 다양하다. 미국 디트로이트에서 발견된 인디언들의 돌판에는 위에서부터 아래까지 다섯 개의 칸이 구분되어 있는데, 각 칸에는 커다란 상자 모양의 배, 물에 빠져 죽는 사람들, 40일을 의미하는 것으로 보이는 40칸의 네모, 무지개 등이 그려져 있다. 창세기 8:4에 따르면 노아의 방주는 아라랏 산지 위에 멈췄다. 이 산지는 오늘날 터키 북동쪽 끝에 위치해 있고 최고봉은 해발 5,137m(백두산의 약 2배)로 만년설로 뒤덮여 있다. 페르시아인들은 이 산을 "노아의 산"이라 불렀고, 터키족은 "방주의 산" 또는 "고통의 산," 쿠르드족은 "재난의 산"이라 불렀다.

하나님의 심판 : "전 세계적인" 대홍수

1. "심판의 원인"(창 6:5-7,11-13) : "죄"(사악함, 부패, 폭력)

1) 인간의 사악함이 극에 달했고, 그 마음의 생각의 모든 상상이 계속해서 악했기 때문인데(5절), 이로 인해 주 하나님께서는 땅 위에 인간을 지으셨다는 사실을 후회하셨다(6,7절).
2) 모든 육체가 그 행위를 부패시킴으로써 땅이 부패하게 되었고, 이들로 인해 땅이 폭력으로 가득 찼기 때문이다(11-13절).

2. "심판의 방법"(창 6:13,17) : "전 지구적인 대홍수"

➡ "**전 세계적인 홍수**"를 통해 생명의 호흡이 있는 "모든 육체"(사람들, 짐승들, 타락한 천사들, 거인들)를 땅과 함께 멸망시키셨다. 말 그대로 『**모든 육체의 종말**』(13절)이 이른 것인데, 당시의 홍수가 전 세계적인 홍수가 아니었다면 오늘날의 인구는 약 1,600억 명이나 되었을 것이다(2020년 기준으로 78억 명임).

3. "하나님의 은혜"(창 6:8-10,22) : "인간의 의로운 행위에 기초한 구약적인 은혜"

1) 노아의 믿음 : 하나님을 온전히 두려워함으로써 순종한 믿음
   (1) 노아는 "주의 눈에서 은혜를 찾은 사람"이었다(8절).
      ➡ 하나님께서는 노아의 의로움을 인정하시고 존중해 주셨다.

(2) 노아는 "**의인**"이었다(9절).

(3) 노아는 "**당대에 완전한 사람**"이었다(9절).

➡ 당시의 세상 가치관이나 죄악들에 동참하지 않았고 성별했다.

(4) 노아는 "**하나님과 동행한 사람**"이었다(9절, cf. 창 5:21-24).

(5) 노아는 "**하나님을 두려워할 줄 아는 사람**"이었다(히 11:7).

(6) 노아는 보지 못한 일에 대해서도 "**하나님의 경고를 믿는 사람**"이었다(히 11:7).

(7) 노아는 "**의의 전파자**"였다(벧후 2:5).

(8) 노아는 방주를 지으라는 "**하나님의 명령에 순종하는 사람**"이었다(22절).

2) **노아가 받은 구원과 보상**

(1) 자신의 "집안을 구원"했다(히 11:7, 벧전 3:20).

(2) 믿음에 의한 "의의 상속자"가 되었다(히 11:7).

■ 새롭게 깨달았거나 적용할 내용이 있다면 적어 보세요. ■

4. "심판으로부터 구원받는 방법"(창 6:14-16) : "방주"(the ark)

1) 방주의 "재료"(14절) :

고펠 나무와 역청

2) 방주의 "치수"(15절) :

300큐빗(길이, 136.8m) × 50큐빗(너비, 22.8m) × 30큐빗(높이, 13.68m)

(1) 길이가 100m에 육박하는 선박의 "가장 안전한 설계 비율"

➡ 배의 "길이"는 너비의 6배, 높이의 10배가 되어야 한다.

(2) 30m 높이의 파도에도 견뎌 낼 수 있는 배이다.

① "복원 안정성"(뒤집히지 않음)이 높다.

② "파랑 안전성"(흔들림이 적음)이 높다.

③ "구조 안전성"(부서지지 않음)이 높다.

3) 방주의 "구조"(16절) : 3층 구조

➡ 열고 닫을 수 있는(창 8:6) "창문"은 위에서 1큐빗 되는 지점에서 마무리했고, 들어갈 수 있는 "문"은 배의 측면에 만들었다.

방주를 실제로 목격한 사람들도 많이 있는데, 1800년대 이후만으로도 200명이 넘는다. 동방견문록(1299년)을 쓴 "마르코 폴로"(1254-1324)는 아르메니아 근처에서 방주를 보았다고 말했고(1269년), 1955년에 방주를 목격한 프랑스의 탐험가 "페르디난드 나바라"는 1974년에 〈내가 손으로 만진 노아의 방주〉라는 제목의 책을 출간하기도 했다.

5. "방주 안으로의 초청과 준비"(창 6:17-22)

1) 하나님께서는 『**너는 네 아들들과 네 아내와 네 아들들의 아내들과 함께 방주로 들어올지니라.**』(18절)라고 말씀하셨다. 이것은 일종의 "**구원의 초청**"인데(계 22:17), 그런 면에서 "방주"는 "**예수 그리스도의 예표**"가 된다.

2) 기본적으로 모든 짐승을 "**종류대로**"["종"(Species)이 아닌 "과"(Family)에 속하는 동물들] "**한 쌍씩**"(둘씩, 19,20절) 들어오게 했는데(정결한 짐승은 일곱 쌍씩 들어오게 함 - 창 7:2), 이는 "**생명을 보존하게**" 하기 위해서였다.

3) 배 안에서 먹을 수 있는 "양식"도 충분히 준비했다.

➡ 노아는 하나님께서 내리신 이 모든 명령에 그대로 순종했다. 『**노아가 그렇게 하였으니, 하나님께서 그에게 명하신 모든 것을 그대로 행하였더라**』(22절).

『이것이 네가 만들 방주의 규격이니, 방주의 길이가 삼백 큐빗이요 너비가 오십 큐빗이며, 높이가 삼십 큐빗이니라. 방주에다 창문을 만들되, 위로부터 일 큐빗 되는 곳에서 마무리하고 또 방주의 문은 측면에 내고 아래층, 이층, 삼층으로 방주를 만들지니라』(창 6:15,16).

■ 새롭게 깨달았거나 적용할 내용이 있다면 적어 보세요. ■

노아의 홍수에 관한 과학적인 증거들

과학적으로 설명이 불가능한 사실들도 "노아의 대홍수"를 인정할 때 상당수가 해결된다. 특히 70여 개의 "지질학적 현상들"이 대홍수를 입증해 주고 있는데, 더 자세한 내용은 "밴스 페렐"(Vance Ferrell)이 쓴 저서 〈과학으로 본 진화론의 허구, The Evolution Handbook〉, 「제14장 대홍수의 영향」을 참조하면 된다.

1. "퇴적층"의 증거

1) 광범위하게 쌓여 있는 "대규모의 퇴적층" : "그랜드 캐니언"(Grand Canyon)

(1) 광범위한 퇴적층(면적 : 약 50만ha)

(2) 경계면이 뚜렷한 퇴적층

(3) 평평한 퇴적층

➠ **이상 세 가지 특징을 가진 퇴적층은 "엄청난 양"의 물속에서 급격하게 퇴적될 때만 형성된다**[미국 콜로라도 대학의 지질학자 "피에르 줄리앙"(Pierre Julian) 박사의 실험으로 입증됨].

2) 화성암과 비교하여 "**지구 표면을 더 많이 덮고 있는 퇴적암의 비율**"

➠ "화성암"이 지표면을 덮어 가는 속도는 "퇴적암"보다 훨씬 빠르다. 그럼에도 불구하고 현재 지표면을 덮고 있는 퇴적암의 비율(70%)이 화성암의 비율(30%)보다 훨씬 높은 이유는, 과거에 전 세계적인 홍수로 인해 지구 전체가 퇴적층으로 뒤덮인 적이 있었기 때문이다.

3) 산꼭대기에 쌓여 있는 "**해양 퇴적물**"

2. "화석"의 증거

1) 화석은 "오랜 세월에 걸쳐 느리게 퇴적되는 환경"에서 만들어지지 않고 "**갑작스러운 압력과 퇴적**" 그리고 "**신속하게 매몰되는 상황**"에서 형성된다. 이러한 일은 재창조 이래 역사적으로 "노아의 홍수" 때 단 한 번 있었다.

2) 이처럼 갑작스럽게 매몰된 증거들은 "화석들" 속에서 많이 발견된다.

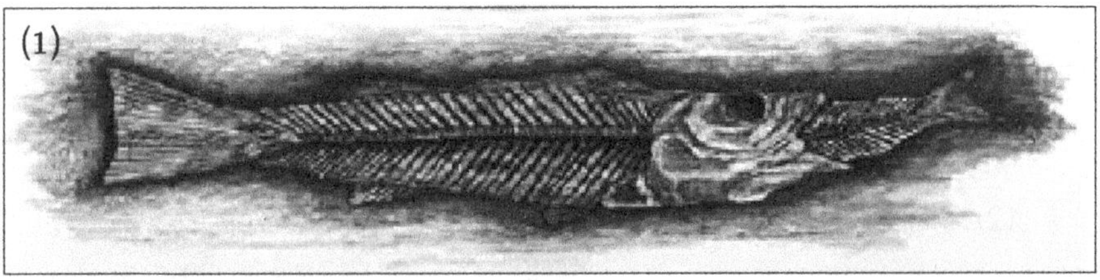

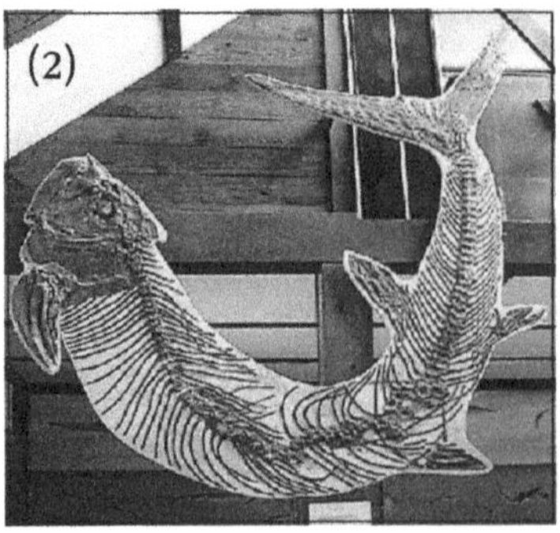

(1) "Fish eating Fish"(물고기를 삼키고 있는 물고기)
(2) 거대한 압력을 이기지 못하고 몸이 크게 뒤틀린 화석
(3) 여러 개의 지층을 수직으로 뚫고 서 있는 "다지층 나무 화석"
(4) 대규모의 동식물 화석들이 무더기로 뒤엉킨 채 발견된 화석 무덤
(5) 함께 서식하지 않는 동물들의 화석들이 함께 발견된 화석 무덤(미국 네브래스카주에서 발견된, 9천여 마리의 낙타, 곰, 코뿔소 등의 화석 무덤)

3) 높은 산에서 발견되는 "**바다 생물**"의 화석

3. "석탄층과 석유 매장지"의 증거

➠ "식물들"(석탄층) 또는 "가시와 지느러미가 있는 물고기들"(석유 매장지)이 위험하고 두려운 상태에서 한꺼번에 압착되었을 때 형성되는데, 이것은 노아의 대홍수의 결과물이다.

4. "인구의 증가와 수명의 감소"를 통해 본 증거

1) "진화론"에 의하면, 현 인류의 조상이라 불리는 "직립원인"의 출현 시기가 50만 년 전이다. 과거에는 지금보다 인구 증가율이 훨씬 느렸다는 전제하에 500년 만에 두 배 증가되었다고 가정해도, 50만 년이 지난 이후의 인구는 약 10^{300}명으로서 터무니없는 수가 나온다.

2) "성경"에 의하면, "노아의 대홍수"에서 살아남은 8명의 사람이 오늘날의 인구수인 78억 명이 되려면 평균적으로 대략 160년마다 2배 늘어난 것이 된다. 이 증가율 역시 느린 것 같지만, 전쟁, 기아, 자연재해 등으로 인해

갑작스럽게 인구가 대폭 줄어든 경우까지 감안하면 결코 느리다고 볼 수 없다. **노아의 대홍수가 아니고서는 현재의 인구수를 올바르게 설명할 수 없는 것이다**.

3) 노아의 홍수를 기점으로 하여 "인구의 수명"이 급격하게 감소하기 시작하는데(창 5:1-32 vs. 창 11:10-32, 시 90:10), **이는 홍수로 인해 지구 환경에 변화가 일어났기 때문이다**.

5. 기타 여러 가지 증거들

1) 23.5도 기울어진 "지축의 경사"
2) "기후의 변화"와 계절에 따른 "하루 길이의 변화"
3) "높은 산의 형성"[도날드 패튼(Donald Patton)의 저서 〈성경적 홍수와 빙하기, The Biblical Flood and the Ice Age Epoch〉 참조]
4) 해저에 있는 수백 개의 "협곡들"
5) "높은 지대에 있는" 호수들
6) 반대 방향에서 표류해 온 "미아석들"(동일한 지역에서 북쪽에서 남쪽으로 이동해 온 자동차 또는 집채만 한 바위들)

「B.C 2347년 둘째 달 십칠 일에 지구에서 최초로 천둥소리가 들리기 시작했다. 새벽 여섯 시, 하늘은 검게 물들었고 천둥이 치기 시작했다. "상쾌한" 아침을 기대하고 잠에서 깬 사람들은 순간 등줄기가 오싹한 공포에 사로잡혔다. "무슨 일이지?" 비바람이 몰아치기 시작하자 사람들은 방주가 있는 곳으로 달려갔다. "회색빛"의 방주는 거대한 관처럼 그곳에서 있었다. "노아! 노아! 무슨 일이오? 거기 있소?" 아침 일곱 시쯤이 되자 5만여 명의 사람들이 계곡을 가득 메웠다. 지렛대와 부삽으로 방주의 문을 두드리면서 "노아! 노아! 제발, 우리도 들어가게 해 주시오! 문 좀 열어 주라니까!" 그러나 문은 굳게 닫혀 있었고 닫혀 있는 문은 열리지 않았다. 실로 끔찍하고 비참한 장면이 아닐 수 없다. 엄마들은 아이를 부둥켜 안고 물이 차오르는 계단을 뛰어올라 최대한 위쪽으로, 위쪽으로 올라갔고, 지붕 위에서는 비명을 지르는 소리, 기도하는 소리, 저주하는 소리가 울려 퍼졌다』(피터 럭크만의 주석서 〈창세기 I〉, pp. 225-227에서 발췌).

하나님의 심판의 경고를 결코 가볍게 여겨서는 안 된다. 만물은 창조의 시작부터 그대로 있지 않았다(벧후 3:4). 이 땅, 곧 "지구"는 두 번의 대격변을 겪었는데, 한 번은 "전 우주적인 홍수 때"(창 1:2, 벧후 3:5,6) 그리고 또 한 번은 "전 지구적인 홍수 때"(창 7:1-8:14, 벧후 2:5) 겪었던 것이다. 그뿐만 아니라 하나님께서는 장차 현재의 하늘들과 땅을 "물"이 아닌 "불"로 심판하실 것이다. 『**그러나 현재 있는 하늘들과 땅은 그 동일한 말씀으로 보존되어 있으되 경건치 아니한 자들의 심판과 멸망의 날에 불사르려고 간수되어진 것이니라**』(벧후 3:7). 그날에는 하늘들이 굉장한 소리를 내며 사라지고 우주의 모든 구성 요소들도 녹아내릴 것이다(벧후 3:10). 이 일은 반드시 일어날 것인데, 이에 성경은 이 땅을 살아가는 사람들에게 『**그때 이 모든 것이 녹아 버리리니 너희가 모든 거룩한 행실과 경건에 있어 어떠한 사람들이 되어야겠느냐?**』(벧후 3:11)라고 묻고 있다. 예수 그리스도의 복음을 통해 구원을 받고 성경대로 믿으며 살아가는 가운데 그 날을 대비하는 사람이 "현명한 사람"인 것이다. 『**네 하나님을 만날 준비를 하라**』(암 4:12).

제2과
복습문제

1. 노아의 홍수는 "국지적인" 홍수였다. (O , X)

2. 『이것이 노아의 내력이라. 노아는 (　　　)이요 그 당대에 (　　　　) 사람이었으며 하나님과 (　　　)하였더라』(창 6:9).

3. 노아의 방주는 "예수 그리스도의 예표"이다. (O , X)

4. 노아의 홍수에 관한 "과학적인 증거"가 매우 빈약하다. (O , X)

5. 『보라, 나 곧 내가 땅 위에 물들로 (　　　　　)를 일으켜 생명의 호흡이 있는 모든 육체를 하늘 아래로부터 멸망시키리니, 땅에 있는 모든 것이 죽으리라』(창 6:17).

6. 그랜드 캐니언은 대규모 퇴적층의 증거다. (O , X)

7. "갑작스런 압력과 퇴적" 그리고 "신속한 매몰"을 보여 주는 화석 증거들은 모두 노아의 홍수를 지지하는 증거들이다. (O , X)

■ 복습 문제의 정답은 홈페이지(www.solomonbtc.org)에서 확인할 수 있습니다.

NOTES

NOTES

제3과
노아의 홍수에 관한 370일간의 기록(7,8장)

『이제 칠 일이 되면 내가 사십 일 낮과 사십 일 밤 동안 땅 위에 비를 내려, 내가 지은 모든 생물을 지면에서 쓸어 버리리라." 하시니라』(창 7:4).

전 지구적인 대홍수와 이를 피할 수 있는 길

1. 심판의 서막

1) 아담에서 노아까지 이르는 1,556년의 긴 세월 동안(5장) "에덴의 언약"(1:28)에 따라 사람들이 다산하고 번성했다.

➠ 하지만 하나님의 아들들이 사람의 딸들에게 들어와 씨를 혼잡게 했고(6:1-5), 땅은 사람들의 마음과 행위의 모든 사악함으로 인해 부패했으며 폭력으로 가득 차게 되었다.

2) 결국 하나님께서는 피조물을 지으신 것을 후회하시고(6:6,7), 그들을 멸망시키기로 작정하셨다(6:11-13).

2. 방주로의 초청 : 씨를 보존하시려는 하나님(7:1-3)

1) 하나님의 눈에서 은혜를 찾은 노아는 하나님의 명령에 순종하였고 그의 온 집안과 함께 "구원의 방주"(6:14-16)로 "들어오라"는 하나님의 초청을 받았다(행 16:31).

2) 뿐만 아니라 생물을 종류대로(1:24,25) 창조하신 하나님께서는 그 생물을 종류대로 방주에 들여서 씨를 보존하실 것을 노아에게 명하셨다(6:19,20).

(1) 곧 정결한 짐승과 공중의 새는 수컷과 암컷 각각 일곱씩을, 정결하지 않은 짐승과 그 외의 가축과 기어 다니는 것들은 수컷과 암컷 각각 둘씩을 모으게 하셨다.

(2) 특히 정결한 짐승과 공중의 새를 암수 각각 일곱씩 모으게 하심은 번식 외에도 희생제를 위한 예비용이었다(8:20).

370일간의 여정

1. 노아의 대홍수 370일간의 여정

1) **7일간의 마지막 유예기간**(7:4-10)

(1) 주의 명령대로 방주를 짓고, "회개하라"고 부르짖던 의의 전파자 노아(벧후 2:5)에게 하나님께서는 마지막으로 7일간의 시간을 주시면서 땅의 동물들을 모으라고 명령하신다.

(2) 과학자들은 동물에게 지진이나 화산폭발과 같은 위협적인 자연현상을 미리 감지하고 피하는 본능이 있다고 말한다. 그렇다고 해서 홍수의 위험을 감지한 동물들이 방주로, 그것도 짝을 맞춰서 피신한다는 것은 사실상 불가능하다.

(3) 그렇다면 노아는 이 땅에 흩어져 있는 동물들을 어떻게 7일 만에, 그것도 암수의 짝을 각각 맞추어 방주로 모아들일 수 있었을까? 사실 그것은 노아가 한 것이 아니었다. **방주로 동물들을 짝지어 부르신 분은 바로 하나님이셨다**(6:19,20; 7:8,9).

➠ 무엇보다도 홍수 전 동물의 본성이 오늘날과 같았다면(9:2), 노아와 그의 가족들 그리고 그 방주에 탄 많은 동물은 370일간의 긴 여정 동안 뼈만 남았을 것이다(사 11:6-9; 65:25).

2) **40일간의 엄청난 비**(7:11-23)

(1) **이제 말씀하신 7일이 되었고, 주께서 방주의 문을 닫으신다**(7:16).

➠ 그리고 이 땅에는 전무후무한 비가 사십일 낮과 밤 동안 쉬지 않고 내렸다(7:4).

(2) <u>이 비는 첫째 하늘의 구름들에서 내린 비가 아니다</u>.

➡ 홍수의 물이 지금의 에베레스트산(8,848m)까지 넘쳤다는 것은 그 당시의 바닷물 전체가 증발하여 비로 내린다 해도 불가능한 일이었다.

(3) <u>뿐만 아니라 "구름"은 노아의 홍수 이후에나 등장한다</u>(9:13, cf. 2:6).

① 40일 동안 밤낮으로 내린 비가 홍수가 되어 최소한 오늘날의 아라랏산(5,137m)의 높이까지 차려면, 비는 시간당 5m 이상씩 계속 내려야만 한다.

② 그러므로 만약 구름에서 비가 내려 노아의 홍수가 났다면 호우경보(시간당 30mm 이상)의 기준보다 160배 이상의 많은 비가 40일 내내 쏟아져야만 했을 것이다. 그렇다면 구름도 160배 이상의 두께여야 했을 텐데 합리적으로 설명하기 어려운 수치다.

(4) <u>홍수의 물들은 지금처럼 비가 내려서 생긴 물들이 아니다</u>.

➡ 성경은 큰 깊음의 샘들이 터지고, 하늘의 창들이 열렸다고 말씀하는데, 말하자면 "그 표면이 돌처럼 얼어 있는 거대한 물 덩이"(욥 38:30)에서 나온 물이 지구와 충돌하면서 비로 쏟아져 내렸던 것이다(7:11,12).

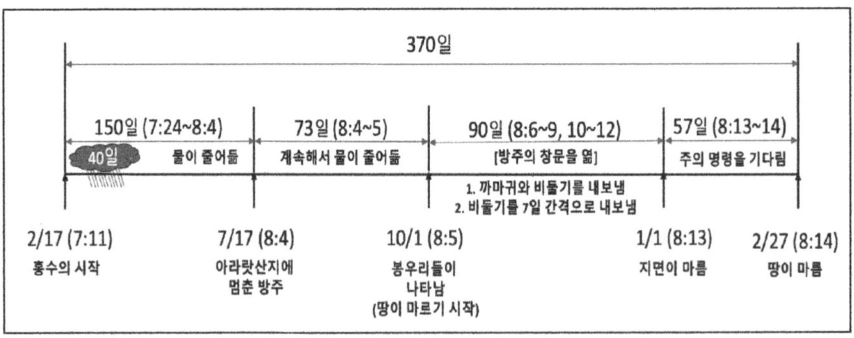

▲ 노아의 홍수에 관한 도표

(1) 홍수로 인한 물은 150일, 곧 5개월 동안 전 지구를 뒤덮고 있었다. 성경에서 숫자 "5"는 죽음을 의미한다(7:24).

➠ 방주에 탄 사람들과 동물들을 제외하고는 모두가 심판으로 멸망 당했다. 이 땅의 죄악이 차고 넘쳤듯이, 그 심판의 물이 이 땅에 차고 넘쳤던 것이다(7:24).

(2) 하지만 깊음의 샘들과 하늘의 창들이 닫힘으로써 비도 그쳤다(8:2). 또한 하나님께서 땅 위에 바람을 지나가게 하심으로써 물이 줄어들기 시작했고(8:1,3), 드디어 배는 아라랏 산지 위에 방주가 멈췄다(8:4).

(3) 이 엄청난 물(약 450억×억 톤)이 완전히 마르기까지는 330일이 걸렸다.

➠ 그 누가 이 많은 물을 마르게 할 수 있겠는가? 이 엄청난 양의 비를 주신 분은 하나님이시다. 그뿐만 아니라 모세와 이스라엘이 홍해를 건널 때, 여호수아가 요단강을 건널 때 그 땅을 마르게 하신 분도 하나님이셨다. (홍수에 비하면 홍해와 요단강은 새 발의 피다.) 이 모든 것은 하나님께서 보내신 "바람"에 의해 이루어진 것임을 "지음을 받은 인간들"은 기억해야 한다. [참고로 노아의 홍수로 인한 "물의 양"은 현재 지구 전체 물의 양(1,360×1,018리터)의 약 3.3배 정도 되었다.]

2. 소망과 인내의 노아(8:5-13)

1) 아라랏 산지에 방주가 멈춘 지 73일이 지났을 때(열째 달 첫날), 산지의 봉우리들이 보이기 시작했다(8:5).

2) 그 후로 노아는 40일의 마지막 날에 방주의 창문을 열어(8:6), 물이 줄어

들었는지 알기 위해 까마귀 한 마리와 비둘기 한 마리를 내보낸다(8:7-9). 비둘기가 돌아오자, 7일이 지나 비둘기를 다시 내보내어 물이 줄어든 것을 확인하고(8:10,11), 또 7일 후에 비둘기를 내보냈으나 다시 돌아오지 않았다(8:12). 비로소 지면에 물이 말랐던 것이다(8:13).

언제 방주에서 내릴지 아무런 기약도 없이 방주에 올랐던 노아에게는 대단한 인내가 요구되었다. 노아는 하나님께서 노아에게 "방주를 만들라"고 하시면 방주를 만들었고, "방주에 들어오라"고 하시면 방주로 들어갔고, "방주에서 내리라"고 하시면 방주에서 내렸다. 이처럼 노아는 주 하나님께서 명령하신 그 모든 것을 그대로 행했다(6:22; 7:5,9,16; 8:15-19). 결국 노아는 하나님의 명령에 순종함으로써 평안과 안식을 얻었고, 또한 하나님의 약속을 믿고 소망 가운데 인내함으로써 땅과 거기에 속한 모든 것을 다스리는 영광을 얻게 되었다(9:1-7).

3. 방주에서 내림 : 온전히 보존하신 하나님(8:14-19)

1) 이듬해 첫째 달, 첫날에 지면(the face of ground)이 말랐고, 같은 해 둘째 달 이십칠일에 땅(the earth)이 말랐다(8:14). 드디어 방주에서 내리라는 하나님의 명령이 떨어졌고(8:16), 노아는 방주에 들어간 날부터 방주에서 나가던 날까지 총 370일간의 대장정을 마치게 되었다.

2) 노아는 홍수 전부터 "의의 전파자"였고, 또 방주에서 내리기까지 그 모든 길에서 하나님의 명령에 온전히 순종한 "믿음의 사람"이었다. 무엇보다도 그 수많은 날 동안 방주 안에 있었던 모든 육체가 하나도 빠짐없이 온전히 보존되어 땅을 내디뎠다(8:18,19).

3) 노아는 대홍수에 비하면 통 속의 한 방울 물 같은 홍해를 건넌 이후에 불평과 불순종으로 일관하면서 광야를 통과하던 이스라엘의 결말과는 참으로 대조되는 믿음의 결과를 보여 주었다.

4. 번제를 드림(8:20-22)

➡ 방주에서 내린 노아가 제일 먼저 한 일은 홍수의 심판에서 구원하신 하나님께 아벨이 드렸던 것처럼 제단을 쌓고, 주님께 정결한 짐승과 새 가운데서 취하여 감사의 제물을 드리는 일이었다(8:20, 히 13:15). 그 향기를 맡으신 하나님께서는 아담에게 하셨던 것처럼 노아와 언약을 맺으시고 그를 번성케 하셨다(9:1-17).

> 방주에서 내린 뒤 모든 것이 바뀌었다. 더위와 추위 등 계절의 변화가 생겨났고(8:22), 동물들은 사람들을 두려워하게 되었으며(9:2), 살아서 움직이는 모든 것들도 채소처럼 사람들에게 먹을 것이 되었다(9:3). 변화된 계절로 인해 음식이 상하기 시작했다[포도주에 취한 노아(9:21) vs. 방주에 실었던 식량은 370일 동안 하나도 변질되지 않았다(6:21)].

성경 속의 "방주"(ark, 궤)들

1. 성경에 나타난 방주들(ark)

1) 방주는 구원의 예표다. 성경에는 세 종류의 "방주"(ark)가 등장한다.

➡ 첫 번째가 "노아의 방주"(ark, 6:14)이고, 두 번째는 아기 모세를 넣어 둔 "갈대로 만든 궤"(ark, 출 2:3)이며, 마지막으로 하나님께서 모세에게 만들도록 명하신 "하나님의 궤"(ark, 출 25:10)이다.

2) 죄악으로 가득 찬 세상에서 "노아와 그의 가족들"을 구원하셨고, 이스라엘을 멸하려는 파라오의 손에서 "모세와 이스라엘"을 구해 내셨으며, 여호수아를 통해 약속의 땅에 들어가도록 하신 일들이 "방주"(ark, "궤")를 통해 이루어졌다(수 3:17).

■ 영원한 방주, 예수 그리스도 ■

예수 그리스도의 보혈로 거듭난 성도들은 구원받는 즉시 주님의 몸 안으로 침례를 받는다(고전 12:13, 골 2:12). 그분의 몸 안으로 들어간 성도들은 구원을 결코 잃어버릴 수 없다. **『우리를 흑암의 권세로부터 구하여 내셔서 그분의 사랑하는 아들의 나라로 옮겨』**(골 1:13) 주신 분께서 우리를 모든 악한 일에서 구해 내시고 하늘나라에 이르기까지 보호하신다(딤후 4:18). 그러므로 성도는 의의 전파자로서, 또 하나님 앞에 향기로운 거룩한 산 제물로 자신을 주님께 드림으로써 주님을 참으로 기쁘시게 해 드려야 한다(빌 4:18).

■ 새롭게 깨달았거나 적용할 내용이 있다면 적어 보세요. ■

제3과 복습문제

1. 홍수가 땅에 임하기 전 노아와 그의 가족들 그리고 동물들은 짝을 맞춰 방주 안으로 들어가야 했는데 동물들은 본능적으로 위험을 감지하여 방주로 모여들었다. (O , X)

2. 방주에 모두 들어간 이후 방주의 문을 닫은 이는 누구인가? ( )
   ① 하나님 ② 노아

3. 노아의 홍수는, 깊음의 ( )이 터지고, 하늘의 ( )이 열렸으며, "그 표면이 돌처럼 얼어 있는 거대한 물 덩이"(욥 38:30)에서 나온 물이 지구와 충돌하면서 비로 쏟아져 내린 결과물이었다(창 7:11,12).

4. 노아의 방주가 아라랏 산지에 멈춘 것은 비가 내린 지 ( )일이 되는 시점이다.

5. 노아가 방주의 창문을 연 것은 ( )일의 마지막 날이었다.

6. 노아는 홍수 전부터 ( )의 전파자였고, 또 방주에서 내리기까지 그 모든 길에서 하나님의 명령에 온전히 ( )한 믿음의 사람이었다.

7. 방주에서 내린 노아가 맨 먼저 한 일은 주께 ( )을 쌓고 번제를 드린

일이었다.

8. 방주에서 내린 뒤 모든 것이 바뀌었다. 노아의 홍수 이후 씨 뿌리는 시기와 추수하는 시기와 추위와 더위 등 (　　　　)의 변화가 생겨났고(창 8:22), 동물들이 (　　　　　)을 두려워하게 되었으며(창 9:2), 사람들이 육식을 하게 되었다(창 9:3).

■ 복습 문제의 정답은 홈페이지(www.solomonbtc.org)에서 확인할 수 있습니다.

■ 새롭게 깨달았거나 적용할 내용이 있다면 적어 보세요. ■

NOTES

NOTES

제4과

카나안은 왜 저주를 받았는가?(9장)

『카나안은 저주를 받으리니, 그가 그의 형제들에게 종들의 종이 될지어다』(창 9:25).

홍수 이후의 언약과 반복되는 죄의 역사

1. 새로운 언약의 시작(1-19절)

1) 하나님께서 아담에게 에덴의 언약을 주셨듯이, 홍수의 심판 이후에 노아에게도 한 언약을 주셨는데, 이를 "**노아의 언약**"이라 부른다.

2) 그 언약의 주된 내용은 우선 ❶ "번성하고 땅을 다시 채우라"(1절)는 것과 동물들이 사람들을 두려워하도록 ❷ "동물들에 대한 지배권"을 사람에게 부여하신 것이었다(2절, 1:28). 또한 살아서 움직이는 모든 것을 채소처럼 먹을 것으로 주셨는데, 다만 ❸ "피째 먹지 말라"(레 17:12, 행 15:20)는 금기 명령과 함께 주셨다(3,4절). 그리고 살인과 관련하여 ❹ "사형제도"를 제정하셨고(5,6절), ❺ "다시는 물로 심판하지 않으시겠다"는 약속을 "언약의 표"인 무지개와 함께 주셨다(9-17절).

3) 이후로 노아의 아들들에게서 난 자들은 하나님께서 복을 주신 대로 온 땅에 퍼지기 시작했다(19절).

2. 반복되는 죄의 시작

1) 창세기 6장에서 사람의 사악함과 폭력으로 인해 땅은 더럽혀졌다("죄"). 이에 하나님께서 땅에 사람을 지으신 것을 후회하시고 모든 생명을 멸망시키셨지만("심판"), 하나님의 눈에 은혜를 입은 노아와 그의 가족들 그리고 방주에 탄 피조물들은 홍수의 심판에서 "구원"을 받았다(7,8장).

2) 하지만 에덴의 언약(창 1:28,29)이 주어진 이후 아담이 "죄"를 지은 것처럼, 노아 또한 하나님께로부터 언약을 받은 이후 사탄에게 "죄의 틈"을 내주고 말았다(9장).

3. 노아의 벌거벗음과 함의 악행(20-24절)

1) 홍수 이전, 그 당대에 완전한 사람이었고 하나님과 동행했던 노아는(6:9) 홍수 이후 방주에서 내려온 후로 포도원을 만들고는 그 포도주에 취해 그의 장막에서 벌거벗은 채로 있게 된다.

2) 함은 "자기 아버지의 벌거벗음을 보고" 밖으로 나가, 그의 두 형제에게 있는 그대로를 말한 것 같지만, 실은 자신이 행한 죄는 숨긴 채 노아의 벌거벗음만을 언급했다(22절). 포도주에서 깨어난 노아는 함이 자기에게(unto him) 행한 일, 곧 자신의 몸에 어떤 추악한 짓을 했는지 알게 된다(24절).

3) "카나안의 아비" 함은 아버지 노아의 몸에 몹쓸 짓을 하고 말았다(13:13; 19:5). 『**벌거벗은**[uncovered] **것을 보고**』(22절)라는 말씀은 부적절한 성관계를 함으로써 죄를 짓는 것을 가리킨다.

(1) 『**자기 아비의 치맛자락을 들추었음이라**[uncovereth]』(신 27:20), 『**벌거벗음을 드러내어**[uncover]』(레 18:18), 『**그녀의 벌거벗음을 보고... 그의 벌거벗음을 보면**』(레 20:17)과 같은 말씀들은 모두 <u>음행의 죄</u>를 지칭한다. 따라서 함은 노아에게 "<u>성적인 죄</u>"를 저질렀던 것이다.

(2) 함이 지은 죄는 레위기 18:6에서 『**너희 가운데 아무도 자기에게 가까운 친족에게 접근하여 그들의 벌거벗음을 드러내지 말라.**』라고 경고하신 바로 그 죄였다.

4. 카나안의 저주(25-27절)

1) 왜 "카나안"이 저주를 받는가?

(1) 죄를 지은 것은 분명 "함"이었기 때문에 저주는 마땅히 그가 받아야 했다. 하지만 "노아와 그의 아들들"은 이미 복을 받은 상태였다(1절). 따라서 함에 대한 복을 되돌릴 수는 없었다.

(2) 더욱이 함이 지은 죄는 "씨와 관련된 죄"로서 "함" 한 사람에게만 국한되는 문제가 아니었다. 따라서 그가 범한 죄는 "함의 씨인 함족 전체에게 내려지는 저주"로 이어졌다. "셈의 복"(26절)이나 "야펫의 증대함"(27절)도 이와 같은 맥락이다.

■ 구약에 나타난 복과 저주 ■

❶ 개인에게 내려진 복(약속)은 결코 파기될 수 없다. 아담(1:28, cf. 3:17; 4:11), 야곱(27:33, cf. 요일 2:25 - 구원)

❷ 하나님께서 복 주신 이스라엘을 다른 민족이 저주할 수 없다(민 22:12).

❸ 이스라엘에 명하신 복과 저주는 조건적이다(신 28:1-68).

❹ 이스라엘의 우상 숭배에 대한 심판은 삼사 대까지 미친다(출 20:5).

❺ 그러나 개인의 죄에 대한 심판은 결단코 전가되지 않는다(겔 18:20).

(3) 창세기 13:13에서 "죄인"이라는 용어가 처음으로 등장한다.

① 특히 이 구절에서는 "소돔인들"이 등장한다. 소돔(Sodom)은 카나안의 자손들이 세웠고(10:19), 남성 동성연애(Sodomy)가 성

행했던 곳으로(19:4-11), 로마서 1장에서도 그 죄를 지적하고 있다(롬 1:24,26,27). **카나안은 함이 저질렀던 것과 동일한 죄악을 저지른 대표적인 자손이다**.

② **이처럼 카나안 족속들의 가증함을 미리 아신 하나님께서는 "함의 아들 카나안"을 함족의 대표로 내세워 저주를 내리셨다**. 그래서 함을 "카나안의 아비 함"(18,22절)이라고 성경에 미리 기록해 두신 것이다.

2) **셈, 함, 야펫에 대한 복과 저주** [당시의 사건과 관련하여 노아의 세 아들 중에서 셈과 야펫은 죄가 없었지만(23절), 함은 죄를 지었다.]

(1) 『**카나안은... 그의 형제들에게 종들의 종이 되지어다**』(25절).

① 함(흑인)의 자손은 그의 형제들, 즉 셈(황인)과 야펫(백인)의 "**종들의 종**"이 되는 저주를 받는다.

② 이것은 하나님의 준엄한 말씀으로써, 창세기 9장 이후의 인류 역사 속에서 함의 자손들은 셈과 야펫의 종이 되었다.

➡ 카나안 족속들은 셈족인 이스라엘에 의해 정복당했고, 또한 그들의 비천한 종이 되었다(수 9:23, 왕상 9:20,21). 그뿐만 아니라 야펫 족속인 페르시아와 마케도니아 그리고 로마에 의해 카나안 족속인 페니키아(투로, 시돈)가 철저히 정복을 당했다(포에니 전쟁, B.C. 264-146).

(2) 『**셈의 주 하나님을 송축하리로다**』(26절).

➡ 셈의 자손은 아브라함(11:26)과 이삭과 야곱으로 이어지는데, 예수 그리스도께서도 그 육신으로는 그의 후손인 "다윗의 씨"에서 나오셨다. 예수님께서 스스로 유대인이라고 하신 말씀을 통해서도(요 4:22) 셈이 "**영적인 복**"을 받았다는 사실을 알 수 있다.

(3) 『**야벳을 창대케 하시어 셈의 장막에 거하게 하실 것이요**』(27절).

➠ 야벳의 자손은 "물질적인 복"을 받는다. 그래서 주로 야벳의 자손들이 모든 문명의 이기들과 과학적인 발전 그리고 지리적인 발견에 공을 세웠다. 셈의 장막에 거한다는 말씀대로 셈의 자손들의 땅을 차지하기도 했다.

3) 변경할 수 없는 주종(主從) 관계

(1) "주인과 종의 관계"는 창세기 9장 이후로 하나님께서 정하신 것이다.

① 성경은 세상을 소란하게 하고, 세상이 견딜 수 없는 것 중에 첫째가 "종이 치리하는 것"이라고 말씀하고 있다(잠 30:21,22).

② 그런데 흑인들은 자기들의 이름에 "킹"(King)이라는 단어를 넣기 좋아하며(마틴 루터 "킹") 다스리는 자가 되고자 한다. 결국 머지않은 미래에 "종들의 종"인 함의 후손과의 혼혈인 "적그리스도"가 통치자요 왕으로 나타나게 될 것이다(계 13:1-8).

(2) 적그리스도의 통치

① "종들의 종"인 함의 피를 이어받은(10:6, 미스라임) 이집트의 파라오는 출애굽기에서 셈의 후손인 유다의 자손들을(49:10) 통치했으나 하나님께서는 그들을 이 억압에서 풀어 주셨다(출 14:30).

② 이스라엘이 징계를 받아 함의 후손들에게 치욕을 당하는 것에 대해 예레미야는 『**종들이 우리를 다스렸으나 그들의 손에서 우리를 구해 낼 자는 아무도 없었나이다.**』(애 5:8)라며 슬퍼했다. 예레미야는 유다가 속국이 되었던 역사적 상황을 설명하고 있지만, 예언적으로는 미래에 있을 적그리스도 및 그의 왕국과 연관이 있다. 대환란 때 적그리스도가 통치하는 동안 예루살렘은 영적으로 소돔과 이집트로 불리게 된다(계 11:8).

(3) 주 예수 그리스도의 영원한 통치

➠ 재림 때 예수 그리스도께서는 적그리스도와 그의 왕국을 멸하시고(계 19:11-21), "종들의 종"이 다스리는 것을 완전히 끝내실 것이다. 그리고 이 땅에 천년왕국을 세우시면서 주님의 영원한 통치를 시작하신다. 『**정녕, 예루살렘과 유다에 있는 모든 솥이 만군의 주께 거룩함이 될 것이요, 희생제를 드리는 자들이 모두 와서 솥들을 가져다가 거기에 삶으리라. <u>또 그 날에는 만군의 주의 집에 카나안인이 더 이상 있지 아니하리라</u>**』(슥 14:21).

4) <u>"카나안의 저주"에 관한 그리스도인의 자세</u>

(1) 함의 후손들 가운데서 구원받고 진리의 말씀을 깨닫는 자가 있다면, 그는 하나님의 말씀대로 자신에게 주어진 상황에 맞게 순종하면 된다(고전 7:20,21).

➠ 성경에 기록된 에디오피아 내시의 경우를 포함하여 역사적으로 구원받은 흑인 그리스도인들이 많이 있다. 비록 개인적으로는 좋은 사례들이 있다 할지라도 흑인에 대한 하나님의 선언은 준엄하다.

(2) 이것은 그리스도인이 의도적으로 함의 자손인 흑인을 학대해도 좋다는 말이 아니다.

➠ 성경은 함이든, 셈이든, 야펫이든 모든 민족 가운데서 구원받지 않은 사람들은 모두 죄인이며, 구원받은 사람들은 어떤 인종이라도 그리스도 안에서 하나 된 지체라고 말씀하고 있다(갈 3:28). 분명히 함에 대한 기본적인 저주를 하나님께서 거두신 것은 아니지만, 성경은 개인적으로 구원받은 종을 형제로 취급해야 할 것을 재차 가르치고 있다(몬 1:16).

제4과
복습문제

1. “에덴의 언약”과는 다르게 “노아의 언약”에서는 살아서 움직이는 모든 것을 (　　　　)처럼 먹을 것으로 주셨지만, “(　　)째 먹지 말라”는 금기 명령도 함께 주셨다(창 9:3,4).

2. 『벌거벗은[uncovered] 것을 보고』(창 9:21)라는 말씀은 부적절한 (　　)관계를 함으로써 죄를 짓는 것을 의미한다. 함은 노아에게 이러한 죄를 저질렀던 것이다.

3. 노아에게 죄를 범한 것은 분명 “함”이었고, 저주는 응당 그가 받아야 했다. 하지만 “노아와 그의 아들들”은 이미 (　　)을 받은 상태여서(창 9:1) 되돌릴 수가 없다. 그뿐만 아니라 함이 지은 죄는 “(　　)와 관련된 죄”로서 “함” 개인에게만 국한되는 문제가 아니었다.

4. 결국 함의 자손들은 그의 형제들인 셈과 야펫에게 “종들의 (　　)”이 되는 저주를 받았다.

5. 창세기 9장 이후로 하나님께서 정하신 “주인과 종의 관계”는 구약에 기록된 것이기에 십자가 이후에는 그런 관계(“종들의 종”)를 무시해도 좋다. (O , X)

6. 머지않은 미래에 “종들의 종”인 함의 후손과의 혼혈인 (　　　　　　　　)가

나타나서 통치자요 왕으로서 행세할 것이다(계 13:1-8).

7. 재림하시는 주 예수 그리스도께서 적그리스도와 그의 왕국을 멸하시고(계 19:11-21), "종들의 종"이 다스리는 것을 완전히 끝내실 것이다. 『정녕, 예루살렘과 유다에 있는 모든 솥이 만군의 주께 거룩함이 될 것이요, 희생제를 드리는 자들이 모두 와서 솥들을 가져다가 거기에 삶으리라. 또 그 날에는 만군의 주의 집에 (　　　　　　)이 더 이상 있지 아니하리라』(슥 14:21).

8. 성경은 함이든, 셈이든, 야펫이든 모든 민족 가운데서 구원받지 않은 사람들은 모두 (　　　　)이며, 구원받은 사람들은 어떤 인종이라도 그리스도 안에서 하나 된 지체라고 말씀하고 있다(갈 3:28). 분명히 함에 대한 기본적인 저주를 하나님께서 거두신 것은 아니지만, 성경은 개인적으로 구원받은 종을 (　　　　)로 취급해야 할 것을 재차 가르치고 계신다(몬 1:16).

■ 복습 문제의 정답은 홈페이지(www.solomonbtc.org)에서 확인할 수 있습니다.

■ 새롭게 깨달았거나 적용할 내용이 있다면 적어 보세요. ■

NOTES

NOTES

NOTES

제5과

성경과 인류학

(10:1-32)

『이들은 노아의 아들들의 족속들이요, 그들의 민족들에서 그들의 후대들을 따른 것이라. 홍수 후에 땅에서 민족들이 이들에 의하여 나뉘었더라』(창 10:32).

노아의 세 아들을 통한 민족 이동

대홍수 이후 "**노아의 세 아들**"(셈, 함, 야벳 - 창 5:32; 6:10; 7:13; 9:18; 10:1, 대상 1:4)을 통해 "인류"가 온 땅에 퍼지면서(창 9:18,19) "민족들"이 형성되기 시작했다. 또한 민족들의 이동도 이루어졌는데, "**야벳**"(코카서스 인종, 백인)은 "**유럽**" 쪽으로 향했고, "**함**"(니그로 인종, 흑인)은 "**아프리카**" 쪽으로 갔으며, "**셈**"(몽고 인종, 황인)은 "**아시아**" 쪽으로 이동했다.

오늘날 인종 및 민족의 기원과 이동 또는 인류학을 연구하는 사람들은 그 "기원의 문제"를 셈과 함과 야벳에 귀결시킬 수밖에 없는데, 이는 노아의 홍수에 의한 대재앙으로 인해 그 이상으로는 더 이상 거슬러 올라갈 수 없기 때문이다.

이처럼 노아의 세 아들은 "세 대륙"을 상속받았는데, 이를 위해 하나님께서는 그 "방주"를 "에덴 지역"(cf. 창 2:10-14)을 포함하는 삼각형 모양의 땅의 정점인 "아라랏 산지" 위에 멈추게 하셨다(창 8:4). 이 삼각형의 왼쪽 변을 아래로 연장하면 아프리카로(삼각형 밑변의 아래쪽) 내려갈 수 있고, 오른쪽 변을 아래로 연장하면 아프리카와 아시아가 나뉘게 되며, 오른쪽 변을 위로 연장하면 아시아와 유럽이 나뉘게 된다. **그리고 이 삼각형의 정중앙은 하나님께서 아브라함에게 주시겠다고 약속하신 땅으로서(창 15:18-21), 이 땅, 곧 "지구"의 중심이 된다!**

"세 인종"의 시작(1절)

1. "야벳의 후대"(2-5절) : "유럽"

➡ "야벳의 아들들"은 인종학적으로 "코카서스 인종"에 해당한다.

『이들에 의하여 이방의 섬들이 그들의 영토에서 나뉘었으니』(창 10:5). 여기서 "섬들"은 바다를 연상하게 하는데, 곧 "지중해"와 연관된 여러 섬들로서(영국과 아일랜드 포함) "유럽 지역"을 가리키고 있다.

1) 고멜(Gomer, "완성" cf. 겔 38:6) : "아들들" - 아스그나스, 리밧, 도갈마

➡ 독일 부부, 영국 웨일스, 불가리아, 루마니아, 헝가리, 체코슬로바키아, 크로아티아, 아르메니아 북부, 발칸반도, 크리미아반도

2) 마곡(Magog, "두려워하다")

➡ 흑해 주변, 러시아 남부, 스키타이 산악 지대, 우크라이나

3) 마대(Madai, "중간")

➡ 카스피해 부근

4) 야완(Javan, "부글거림") : "아들들" - 엘리사, 달시스, 깃딤, 도다님(4절)

➡ 그리스, 마케도니아 지역, 터키, 시칠리아섬, 스페인(다시스), 이탈리아, 포르투갈, 키프로스섬(깃딤 또는 구브로), 지중해 여러 섬들

5) 두발(Tubal, "불경스러운")

➡ 러시아의 토볼스크, 아르메니아, 터키

6) 메섹(Meshech, "기름, 혼합")

➡ 모스크바, 아르메니아 북부

7) **티라스**(Tiras, "엄격한")

➡ 흑해 부근, 타우르스 산맥

2. "함의 후대"(6-20절) : "아프리카"

➡ "함의 아들들"은 인종학적으로 "**니그로 인종**"에 해당한다.

1) **쿠스**(Cush, "검다") : "**아들들**" - 스바, 하윌라, 삽타, 라아마(시바, 드단), 삽트카, "**님롯**"

➡ 에티오피아(쿠스), 수단(스바), 아라비아(하윌라, 삽타, 라아마, 삽트카), 예멘(시바), 페르시아만(드단), 바빌론(님롯)

2) **미스라임**(Mizraim, "괴로움") : "**아들들**" - 루딤, 아나밈, 르하빔, 납투힘, 팟루심, 카슬루힘(필리스티아), 캅토림

➡ 이집트(아나밈, 르하빔, 팟루심, 카슬루힘), 모리타니(루딤), **필리스티아**(카슬루힘, 가자 지구), 크레테섬(캅토림)

3) **풋**(Phut, "화살")

➡ 리비아

4) **카나안**(Canaan, "낮은 지역") : "아들들"(11명) - 시돈, 헷, 여부스, 아모리, 기르가스, 히위, 알카, 신, 아르왓, 스말, 하맛

➡ 카나안 땅(팔레스타인)

5) "**님롯의 왕국**"(8-12절).

(1) "님롯"["반역" 또는 "팬더"(검은색 표범)]은 "**아담의 13대 후손**"으로("13" - "반역" cf. 창 14:4) "**쿠스의 아들**"이었다.

(2) 님롯은 "**주님께 맞서서 대항한**"(『**주** 앞에서』, 9절) "**힘센 사냥꾼**"이었다(9절).

(3) 님롯은 "**최초의 이방 왕국**"(바빌론)을 세웠다(10절).

➡ 그의 왕국은 "**시날 땅**"에 있는 "**바벨**"(이라크 남부)과 에렉과 악

캇과 칼네에서 시작되었다(바빌론 지방).

님롯의 어머니 "세미라미스"(Semiramis)는 "이세벨"과 마찬가지로 사탄에게 팔린 여인이었다. 세미라미스는 남편, 곧 님롯의 아버지인 "쿠스"가 죽자 그녀의 아들 님롯과 결혼했다. 이에 "셈"은 그 가증한 죄에 대해 응징함으로써 후세를 위한 본으로 남기기 위해 님롯을 죽인 후 토막을 내어 여러 사람에게 보냈다. 그러나 세미라미스는 계략을 꾸며서 그녀의 아들이자 남편인 님롯이 죽은 이후에 "신"이 되었다고 공표했고, 자기 자신은 "신"의 어머니이므로 "하늘의 여왕"으로 추앙하게 했다. 당시 바빌론에는 큰 소요가 있었지만, 사람들은 모두 세미라미스를 보고 소요를 멈추었다고 한다. 이에 그녀는 이 "사탄의 종교"를 지하 종교로 밀어 넣었고, 그 추종자들은 비밀 서약을 해야만 했다. 그리고 님롯과 세미라미스 사이에서 태어난 아들이 "탐무스"(겔 8:14)인데, 바로 이 탐무스로부터 고대 "바빌론 종교"가 기원했다.

(4) 지리적으로 보면 앗시리아가 "님롯의 땅" 옆에 있었기에(미 5:5,6), **님롯은 "앗시리아인"으로도 불린다**(사 23:13).

셈의 후손인 "앗수르"는(창 10:22) 님롯의 왕국에서 빠져나가 티그리스강 상류 지역에 성읍들을 세웠다. 『**그 땅에서 앗수르가 나아가 니느웨와 르호봇 성읍과 갈라와 니느웨와 갈라 사이의 레센을 세웠더니, 이는 큰 성읍이더라**』(11,12절). 말하자면 후일 "앗시리아"가 발원한 성읍들을 세운 것이다. 앗수르가 그 님롯의 땅에서 분리하여 나간 이유는 정확하게 알 수 없지만, 창세

> 기 11장의 "바벨탑 사건"과 연관되어 있었을 가능성이 높다. 곧 시날 땅에서(창 11:2) 님롯의 왕국이 주도했던 바벨탑 사건으로부터 분리하기 위해 나왔던 것이다. 또는 함족과의 혼혈을 거부하기 위해 나왔을 가능성도 있다.

3. "셈의 후대"(21-31절) : "아시아"

➡ "셈의 아들들"은 인종학적으로 "**몽고 인종**"에 해당한다.

1) **엘람**(Elam, "젊음") ➡ 이라크

2) **앗수르**(Asshur, "평평한 평원") : "앗시리아인"의 조상

➡ 이라크(티그리스와 유프라테스강 북쪽)

3) **아르박삿**(Arphaxad)

(1) "**아르박삿의 후대**"(24-30절) : 아르박삿 ➡ 살라 ➡ "**에벨**"(Eber, "강 건너")

① "**에벨**"은 "**셈의 모든 자손들**"의 대표이다. 『**셈은 모든 에벨 자손의 조상이요**』(21절). 특히 "에벨"은 아브라함, 이삭, 야곱 및 "히브리인들"의 조상이다.

② 에벨의 두 아들은 "**벨렉**"(Peleg, "나눔")과 "**욕탄**"(Joktan, "작은")이다.

③ "벨렉"의 때에 "**땅이 나뉘었다**"(25절, 창세기 11장의 바벨탑 사건).

④ 욕탄의 "아들들" : 알모닷, 셀렙, 하살마웻, 예라, 하도람, 우살, 디클라, 오발, 아비마엘, 시바, 오빌, 하윌라, 요밥(26-29절)

(2) 아르메니아 근처, 아라비아(욕탄)

4) **룻**(Lud) ➡ 소아시아 동부

5) **아람**(Aram, "높은 땅") : "**자손들**" - **우스**(욥 1:1), 훌, 게델, 마스

➡ 시리아, 요르단(우스, 에돔 지역), 아르메니아(훌)

성경에서 노아의 세 아들이 함께 나올 때는 항상 "셈, 함, 야벳"의 순서로 등장한다. 하지만 이것은 "나이 순서의 배열"은 아니다. 그런데도 "셈"이 항상 맨 앞에 나오는 이유는, 그가 영적인 복을 받았고(『**셈의 주 하나님을 송축하리로다**』, 창 9:26), **그의 후손인 "이스라엘"이 예언의 중심이자, 역사의 중심이기 때문이다**. 세 아들을 나이 순서로 보면 "형(the elder) 야벳"(창 10:21)이 장자이고, "셈"이 둘째이며, "작은아들(the younger) 함"(창 9:24)은 세 번째로 태어난 막내이다.

"모든 인종은 인류라는 한 종족에 불과하다."라고 주장하는 인종통합주의자들 중 그 어떤 사람도 이 세 인종의 피부색이 다르다는 사실을 바꿀 수 없다. 서로 다른 운명을 가진 이 세 아들에서 기원한 인종들은 그들의 음악이나 그들의 문화 등 많은 것이 다르다. 지난 수천 년의 역사에 관한 모든 문제에 있어서 〈킹제임스성경〉은 항상 옳다는 것이 증명되었다. 모든 종교적, 영적, 교육적, 과학적 지도자들은 자기들 시간의 4분의 3을 무슨 말인지도 모르는 말만 하면서 보내고 있다. 간단히 말해서 뉴스 매체들이 "인종차별주의자"라고 부르지 않는 사람들은 실제로는 정신적으로 병이 들었거나 지적으로 정직하지 못한 사람인 것이다. 셈의 음악은 함의 음악과 같지 않다. 함의 음악은 야벳의 음악과 같지 않다. 음악을 하는 사람이라면 누구나 배우지 않았어도 이 사실을 잘 알고 있다(〈럭크만 주석성경〉, 창세기 5:32에 관한 주석 내용 발췌).

■ 새롭게 깨달았거나 적용할 내용이 있다면 적어 보세요. ■

세 인종 간의 구분(cf. 9:25-27)

"세 인종"은 각각 그들의 역사와 예언의 성취와 더불어 타고난 특성들이 있어서, 이것을 부인하거나 무시하는 것은 매우 어리석은 짓이다. 그럼에도 불구하고 "죄의 사람" 아래에서 모든 인종과 민족을 하나로 묶기 위하여, UN을 비롯한 세상의 모든 기구는 인종들의 역사와 특징과 그들의 업적을 완전히 무시하려 하고 있다. 말하자면 "적그리스도" 아래에서 종교적인 단합을 이루기 위해 인간의 상식과 이성을 완전히 부인하고 있는 것이다. 이렇듯 인간들은 모든 인류를 하나로 모아 무엇인가를 이루어 보려 하지만, 하나님께서는 그들을 한데 묶어 불로 심판하실 것이다(마 13:30).

야펫	백인	물질적인 복을 받음	셈의 장막을 차지함	교통과 통신 정복과 발명	**혼**
셈	황인	정신적이고 영적인 복을 받음	구세주와 성경을 차지함	종교와 사상	**영**
함	흑인	저주를 받음 종들의 종이 됨	섬기는 사람들이 됨	육체적인 힘과 춤, 노래, 운동	**몸**

■ 새롭게 깨달았거나 적용할 내용이 있다면 적어 보세요. ■

민족들이 나뉜 시점

1. 민족들이 나뉜 시점과 기준(5,20,25,31절, cf. 11:7-9)

➠ **『에벨은 두 아들을 낳았는데 한 아들의 이름은 펠렉이라 하였으니 그 때에 땅이 나뉘었음이요』**(25절).

1) "**땅이 나뉘었다**"는 것은, "대륙이동설"에 따라 땅 자체가 "물리적으로" 나뉜 것을 의미하지 않고, 바로 그 "땅"(32절)과 "영토"(5절)에서 "**민족들이 나뉜 것**"을 의미한다.

2) 민족들이 나뉜 "시점"은 "펠렉의 때," 곧 "**바벨탑 사건 이후**"인데, 이는 그때 하나님께서 "**언어를 혼란시키셨기**"(11:7-9) 때문이다. 그래서 민족들이 나뉘는 "기준"으로 그들의 "방언" 곧 "언어"가 제시되었던 것이다. **『이들**[야펫의 아들들]**에 의하여 이방의 섬들이 그들의 영토에서 나뉘었으니,** 즉 **각자 그 방언에 따라... 나뉘었더라』**(5절). **『이들은 함의 아들들이라... 그들의 방언들을 따른 것이라』**(20절). **『이들은 셈의 아들들이라... 그들의 방언들과 그들의 민족들을 따른 것이라』**(31절).

3) 바벨탑 사건 이전에는 "**하나의 언어**"와 "**하나의 말**"만 있었다(11:1).

➠ "공통된 조상 언어," 곧 인류 최초의 **『하나의 언어**[one language]**와 하나의 말**[one speech]**』**(11:1)은 "**히브리어**"(Hebrew)이다.

(1) 하나님께서는 최초의 인간의 이름을 "히브리어"("아다마" - "흙")로 지으셨다(아담, 5:2).

"우리는 언어가 취할 수 있는 가능한 모든 형식을 검토했다. 만일 누군가가 '세 가지 분명한 형식, 곧 어근과 어미와 어형 변화를 언어의 한 공통된 기원과 조화시킬 수 있는가'라고 묻는다면, 나는 확실하게 '그렇다'라고 답변할 것이다"[세계적인 비교 언어학자 막스 말러(Max F. Maller)].

"산스크리트어는 오래된 언어이긴 하지만 매우 놀라운 구조를 갖고 있다. 이 언어는 헬라어 및 라틴어와 강한 유사성을 가졌고, 문법의 형식과 동사의 뿌리도 서로 같다. 따라서 어떤 공통의 어원으로부터 이 언어들이 발생했다는 믿음이 있어야만 이 세 언어를 올바르게 조사할 수 있다"[인도의 고대 언어 산스크리트어를 연구한 윌리엄 존스(William Jones)].

"이 세상에는 3천여 개의 언어와 방언들이 있지만, 지속적인 연구를 통해 알 수 있는 것은 이 언어들에는 분명 공통되는 조상 언어가 있었다는 사실이다"[헤럴드 스타이거스(Harold Stigers) 박사].

(2) 아담은 "히브리어"로 동물들의 이름을 지었다(cf. 2:19).

➠ 피터 럭크만 목사는 이렇게 말했다. "모든 동물의 원래 이름은 천상의 언어인 히브리어였음에 틀림이 없다. 현대 유럽과 아프리카 및 아시아에서의 동물의 명칭을 추적하려면 알렉산더 히슬롭의 〈두 개의 바빌론〉을 참조하고, 창세기 11장에서 사용된 칼데아어로 그 어근을 추적해야 할 것이다."

(3) 히브리어는 "천상의 언어"이다.

① 예수 그리스도께서는 다마스커스로 가는 바울에게 나타나셨을 때 히브리어로 말씀하셨다(행 26:14).

② 구원받은 "이방인들"을 포함한 많은 무리가 하늘에서 "할렐루야"

를 외치고 있는데(계 19:1-6), 이 단어는 "너희는 여호와(주)를 찬양하라."(시 150:6)라는 뜻의 히브리어다.

"언어적인 구조"를 보더라도 히브리어가 최초의 언어였음이 드러나는데, 히브리어의 모든 단어들은 어근이 "3중자음"(tri-consonantal)의 구조로 되어 있기 때문이다. 즉 히브리어는 본래 "모음"이 없다는 것인데, 이는 모음이 달라져도 단어의 의미가 그렇게 크게 변하지 않는다는 것을 보여준다. 일반적으로 언어는 그 특성상 자음의 변화는 별로 나타나지 않고 모음의 변화가 심한데, 모음이 본래 없었던 히브리어는 변화가 거의 없이 "최초의 공통 언어"로서의 모습을 그대로 간직할 수 있었고, 바벨탑 사건을 기점으로 갑자기 나뉜 언어들은 모음의 변화와 더불어 시대와 장소를 거쳐 여러 가지 변화 과정을 거치게 되었다.

(4) 하나님께서는 재림 때 천상의 언어이자, 인류 최초의 언어인 히브리어를 다시 회복시키실 것이다. 『**그때에 내가 백성에게 순수한 언어를 돌려주리니, 그들이 모두 주의 이름을 부르며 한마음으로 그를 섬길 것임이라**』(습 3:9). 어떤 사람도 성경 기록의 역사성과 진실성을 결코 흔들 수는 없다. 왜냐하면 하나님께서는 인류의 역사를 주관하시는 전능하신 하나님이시기 때문이다.

■ 새롭게 깨달았거나 적용할 내용이 있다면 적어 보세요. ■

제5과
복습문제

1. 홍수 이후에 (　　　　)은 "유럽" 쪽으로 향했고, (　　　)은 "아프리카" 쪽으로 갔으며, (　　　)은 "아시아" 쪽으로 이동했다.

2. 적그리스도의 예표인 『그가 주 앞에서 힘센 사냥꾼이었으므로, 사람들이 말하기를 "주 앞에 (　　　　) 같은 힘센 사냥꾼이라." 하더라』(창 10:9).

3. 하나님께서는 인종들 간의 "결합"을 적극적으로 지지하신다. (O , X)

4. 『에벨은 두 아들을 낳았는데 한 아들의 이름은 펠렉이라 하였으니 그 때에 땅이 나뉘었음이요』(창 10:25). 이것은 "대륙이동설"을 보여 주는 구절이다. (O , X)

5. 인류 최초의 공통 언어는 (　　　　　　)이다.

6. 요한계시록 19:1-6에서는 구원받은 "이방인들"을 포함한 많은 무리가 하늘에서 히브리어인 "할렐루야"를 외치고 있다. 그러므로 히브리어는 천상의 언어다. (O , X)

■ 복습 문제의 정답은 홈페이지(www.solomonbtc.org)에서 확인할 수 있습니다.

NOTES

NOTES

제6과
바벨탑의 심판과 언어의 혼란(11장)

『그러므로 그것의 이름을 바벨이라 불렀으니, 이는 **주**께서 거기에서 온 땅의 언어를 혼란케 하셨음이라. **주**께서는 거기서부터 그들을 온 지면에 멀리 흩으셨더라』(창 11:9).

최초로 통합된 "국제연합"(1-4절)

1. 하나의 언어, 하나의 말(1절)

『온 땅에 하나의 언어와 하나의 말만 있더라』(1절).

1) **"하나의 언어"(one language)는 기록된 말이고, "하나의 말"(one speech)은 구술된 말이라 할 수 있다.**

➡ 완전한 통합을 위한 길은 언어와 말을 하나가 되게 하는 것이다. 바벨탑 당시의 하나의 언어는 "히브리어"였다. 이 점은 성경에서 확인된다(행 26:14, 계 19:1-4).

2) **하나의 언어는 오늘날 "영어"를 통해 이뤄지고 있는데, 이것이 미래에 어떤 결말을 맞게 될 것인가는 스파냐 3:8에 예언되어 있다.** **『주가 말하노라. 그러므로 너희는 내가 일어나서 먹이로 삼는 날까지 나를 기다리라. 이는 내 결심이 민족들을 모으는 것임이니 내가 왕국들을 모아서 그들 위에 내 분노, 곧 나의 모든 격노를 쏟으리라. 이는 온 땅이 내 질투의 불로 삼켜질 것임이라』**(습 3:8).

➡ 주 하나님께서는 친히 UN을 "타작마당의 곡식단"처럼 모으시고(미 4:11,12) "단"으로 묶으셔서(마 13:30,40,41) 거기에 하나님의 모든 격노를 쏟으시고 불로 태우실 것이다(사 24:6; 33:12; 64:2; 34:9, 겔 20:47, 욜 2:3, 말 4:1, 마 3:11,12 등).

2. 동쪽에서 시날 땅의 평원으로 이동하다(2절)

『그들이 동쪽으로부터 이동하여 시날 땅에서 평원을 만나니 거기에서 거하였더라』(2절).

➡ 그들은 동에서 서로 이동하고 있지만, 팔레스타인 땅이나 아라랏산으로부터 오는 것이 아니다. **티그리스강의 동쪽 땅, 즉 페르시아나 인도 쪽 방향에서, 즉 동쪽에서 서쪽으로 이동해 온 것이다.**

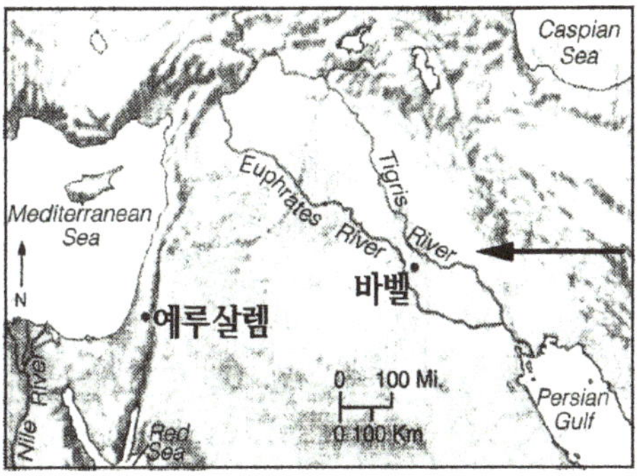

3. "잘못된" 건축 재료(3절)

『그들이 서로 말하기를 "가서 벽돌을 만들어 단단하게 굽자." 하고 그들은 벽돌로 돌을 대신하고 역청으로 회반죽을 대신하였으며』(3절).

➡ 그들은 "하나님께서 만드신" 돌과 회반죽 대신 "인간이 만든" 벽돌과 역청을 사용했다.

4. "잘못된" 건축 동기와 태도 - 오직 "우리"를 위하여(4절)

➡ **그들은 하나님을 배제한 채 오직 "우리, 우리, 우리"만을 찾고 있다. 이것이 진정한 "인본주의"이다.** 인간끼리 하나가 되어 하나님을 대적하는 것이다.

『또 그들이 말하기를 "가서 우리를 위하여 성읍과 탑을 세우되 탑 꼭대기가 하늘에 닿도록 하여 우리의 이름을 내자. 그리하여 우리가 온 지면에 멀리 흩어지지 않게 하자." 하더라』(4절).

인간이 하나님이 아닌 "나" 또는 "우리"를 강조하는 것은 본질적으로 루시퍼의 교만과 야망에서 비롯되었다. **『내가 하늘에 올라가서 내가 내 보좌를 하나님의 별들보다 높일 것이요, 내가 또한 북편에 있는 회중의 산 위에 앉으리라. 내가 구름들의 높은 곳들 위로 올라가, 내가 지극히 높으신 분같이 되리라』**(사 14:13,14). 루시퍼는 "내가 무엇무엇을 할 것이다"(I will...)를 총 다섯 번에 걸쳐서 말했다. 숫자 "5"는 "죽음의 수"이다. 이로써 사탄은 그의 위치와 권위가 다음과 같이 다섯 단계에 걸쳐 떨어지게 된다. ❶ 셋째 하늘에서 쫓겨났다(겔 28:17). ❷ 둘째 하늘에서 쫓겨났다(눅 10:18). ❸ 대환란 때 첫째 하늘에서 땅으로 쫓겨날 것이다(엡 2:2, 계 12:9). ❹ 재림 때 땅에 대한 권위를 상실하고 끝없이 깊은 구렁으로 던져질 것이다(계 20:1-3) ❺ 불못으로 영원히 던져질 것이다(계 20:10).

2) 창세기 11장의 문명은 (모든 현대 문명이 그렇듯이) 두려워하고 있다. 그들은 자기들에게 무슨 일이 일어날지가 염려되었는데, 말하자면 **"온 지면에 멀리 흩어지는 것"이 두려웠던 것이다(4절)**.

(1) 이것은 창세기 4:14에서 카인이 갖고 있던 두려움과도 같다.

(2) 그래서 그들은 카인과 마찬가지로(4:17) "성읍"(도시)을 세웠다.

➡ **최초로 도시를 건설한 사람은 "살인자"였다**. 도시에 죄가 난무하

는 것은 결코 우연이 아니다. 또한 죄인들은 도시를 좋아한다.

(3) 성읍은 상업의 상징이고, 탑은 종교의 상징이다.

➡ 탑은 위로 올라가고자 하는 인간의 욕구를 상징한다. 성읍의 탑은 오늘날로 보면 대도시들의 "빌딩 숲"에 해당한다. 초고층 빌딩들은 "돈"을 숭배하는(딤전 6:10) 자들의 종교적 상징처럼 되어 있다.

(4) 몇몇 자료들에 따르면, 바벨탑은 기초가 약 200평방 야드 정도의 8층 탑으로 나선형의 계단이 있었다고 한다(Pliny, 제6권 p.30; Layard, 「니느웨와 바빌론」, p.496).

■ 새롭게 깨달았거나 적용할 내용이 있다면 적어 보세요. ■

언어 혼란으로 "국제연합"을 흩어 버리심(5-9절)

1. 성읍과 탑을 보려고 내려오신 하나님(5절)

『**주**께서는 사람의 자손들이 세우는 성읍과 탑을 보시려고 내려오셨더라』(5절).

➠ **이때 내려오신 분은 모세(출 3:2), 야곱(창 32:28), 마노아와 그의 아내(판 13:15)에게 내려오시어 나타나신 "주의 천사"이다. 주의 천사는 곧 "하나님"이시다.**

천사는 성경에서 "현현"(顯現), 곧 "나타남, 출현"을 뜻한다. 따라서 『**주의 천사**』는 주께서 "사람의 형태"로 나타나신 것을 가리킨다. 『**주의 천사**』는 『**주**』, 『**하나님**』, 『**나는 곧 나니라**』(I AM THAT I AM), 『**나이신 분**』(I AM)으로 불리신다(출 3:6,14). 『**주의 천사**』께서는 예수 그리스도께서 경배를 받으신 것처럼(마 8:2; 9:18; 14:33; 15:25; 28:9,17, 막 5:6, 눅 24:52, 요 9:38 등) 여호수아의 경배를 받으셨다(수 5:14). 주의 천사는 주 여호와 하나님의 현현이시며, "성육신 이전의 예수 그리스도"이신데, 주님께서는 육신으로 오신 하나님이시기에 경배받으시는 것을 마땅하게 여기셨다. 사람들에게 경배를 받으신 예수 그리스도께서는 "하나님의 천사," 곧 "하나님의 현현"이셨던 것이다. 『**하나님의 천사같이 곧 그리스도 예수같이**』(갈 4:14).

2. 언어를 혼란시키신 하나님(6-9절)

『**주**께서 말씀하시기를 "보라, 백성이 하나요 그들 모두가 한 언어를 가졌기에 이런 일을 시작하였으니, 이제는 그들이 하기로 구상한 일은 아무것도 막을 수 없을 것이라. 가자, 우리가 내려가서 거기에서 그들의 언어를 혼란시켜 그들이 서로의 말을 알아듣지 못하게 하자." 하시고 **주**께서 그들을 그곳에서 온 지면에 다 멀리 흩으시니, 그들이 성읍을 짓는 것을 그쳤더라』(6-9절).

1) 사건의 발단은 "한 백성과 한 언어"에 있었다(6절).

(1) **바벨탑을 쌓기 위해 모였던 사람들이 이룬 그 "하나됨"은 오늘날 현대인들이 에큐메니칼 공회와 강제적인 통합(인종, 정치, 경제, 문화 등)을 통해 이루고자 하는 주된 목표다**. 그러나 이러한 목표는 하나님께서 심판하실 잘못된 목표요, 불경스러운 목표다. "20세기의 위대한 표어"인 "모든 곳의 모든 사람에게 평화," "모든 인간은 형제," "모든

인간은 평등하다"와 같은 주장은 옛 바벨탑의 유물이며, 하나님께서는 그렇게 뭉쳐서 하나가 되는 자들을 한 번에 묶어서 심판하실 것이다(슾 3:8, 미 4:12, 슥 12:3, 사 8:9,10).

(2) <u>성경대로 믿는 그리스도인들의 "하나 됨" 외에는 성경 어디에서도 그 "하나 됨"을 가르치지 않는다</u>.

① 고린도전서 1:10 - 같은 생각과 같은 판단으로 연합함

② 고린도전서 12:12,27 - 그리스도 안에서 한 몸 됨

③ 요한복음 17:11,21 - 삼위일체 하나님과의 하나 됨

2) 이대로 놔두면 사람이 하는 일을 아무도 막을 수 없다(6절).

(1) 사람의 마음의 상상은 어려서부터 악하다(8:21). 사람의 마음의 생각의 상상은 계속해서 악하다(6:5). 그들이 하기로 구상한 일은 아무것도 막을 수 없다(11:6). 인간이 자신의 상상력으로 꾀하는 모든 일은 악하며, 또한 그들에게는 그 상상을 실현할 능력이 있다. 사람은 사탄의 도움으로 별들을 식민지로 삼아 우주를 더럽힐 충분한 가능성을 갖고 있는 것이다.

(2) 하나님께서 막지 않으시면 사람은 못 할 것이 아무것도 없는데, 전지전능하신 하나님께서는 그런 사람들 안에 무엇이 들어 있는지를 잘 알고 계신다(요 2:25, 막 7:21-23).

➡ <u>결국 하나님께서는 언어를 혼란시키심으로써 그 일을 막으셨다(7,8절). 창세기 11장에서 민족들은</u>

하나님의 명령을 거역함으로써 "통합과 하나 됨"을 추구했지만, 그 결과는 혼란과 의사소통의 단절이었다.

3) 주께서 그들을 온 지면에다 멀리 흩으시니 성읍 건설이 중단되었다(8절).

(1) **이후로 주 하나님께서는 인종들을 나누시고 분리하시고 경계를 정하셨다.**

■ 신명기 32:7,8 『옛날들을 기억하고 많은 세대의 연수를 생각하라. 네 아비에게 물어 보면 그가 네게 보여 줄 것이요, 네 어른들에게 물어 보면 그들이 네게 말해 주리라. 지극히 높으신 분께서 민족들을 그들의 유업으로 나누셨을 때, 그분께서 아담의 아들들을 분리시키셨을 때, 그분께서는 이스라엘 자손의 수에 따라 백성들의 경계를 정하셨으니』

■ 사도행전 17:26,27 『또 하나님께서는 인류의 모든 족속을 한 피로 만드시어 온 지면에 살게 하시고 미리 계획하신 시기와 그들이 거주하는 경계를 정하셨으니 이는 주를 찾게 하려 함이라. 사람들이 하나님을 감지하려 하면 만나리니 그분은 우리 각 사람에게서 멀리 떨어져 계시지 아니하도다.』

(2) 마지막 때의 죄인들은 온갖 언론매체를 동원하여 "하나의 세계," 곧 "지구촌"을 건설하려고 시도한다. 인종차별 철폐를 주장하며, 국가 간의 교류를 통한 하나의 세계로 이룩할 세계 평화를 광고한다. 인간의 이와 같은 시도에 대해 하나님께서는 다음과 같이 선언하신다.

『오 너희 백성들아, 단결하라. 그래도 너희가 산산이 부서지리라. 너희 먼 나라들의 모든 사람

아, 귀를 기울이라. 너희는 허리를 동이라. 그래도 너희가 산산이 부서지리라. 너희는 허리를 동이라. 그래도 너희가 산산이 부서지리라. 함께 의논하라. 그래도 아무것에도 이르지 못하리라. 말을 하라. 그래도 서지 못하리니 이는 하나님이 우리와 함께 계심이라』(사 8:9,10).

4) 『**그러므로 그것의 이름을 바벨이라 불렀으니, 이는 주께서 거기에서 온 땅의 언어를 혼란케 하셨음이라. 주께서는 거기서부터 그들을 온 지면에 멀리 흩으셨더라**』(9절).

➡ **『바벨』은 "혼란"을 의미한다**. 민족들은 흩어짐을 피하려 했지만(4절) 주님께서는 그들을 혼란시키시어 흩어 버리셨다. **주님께서는 혼란의 창시자가 아니시지만(고전 14:33), 인간이 인종통합을 추진할 때 그들을 혼란시켜서 더 큰 혼란을 막으신다**.

■ 새롭게 깨달았거나 적용할 내용이 있다면 적어 보세요. ■

셈에서 아브라함에 이르는 예수님의 계보(10-26절)

1. 셈의 후대를 기록하신 이유는 바야흐로 "아브람"을 등장시키기 위함이었다(26절).

➠ 주님께서는 그 이후로 "아브라함 - 이삭 - 야곱"에 이르는 유대인 조상들의 역사를 보여 주신다(12-50장).

2. 셈의 계보를 읽다 보면 그의 후손들의 수명이 점차로 줄어들었음을 알 수 있다.

1) 셈은 600세, 아르박삿은 438세, 살라는 433세까지 살았고, 후손의 수명은 계속 줄어들어(에벨은 464세, 펠렉은 239세, 르우는 239세) 스룩이 230년, 나홀은 148년밖에 못 살았다(22,23절).

➠ 이것은 노아의 홍수로 인해 지구 대기권에 발생한 엄청난 변화에서 기인한다.

2) 그러나 천년왕국 때가 되면 『만물이 회복』되고(행 3:21) 사람의 수명도 아담의 타락 이전으로 돌아가게 된다.

➠ **『거기에는 날 수로 되는 아기도, 자기 수명을 다 채우지 못한 노인도 더 이상 없을 것이니 이는 백 세에 죽는 자가 아이요 백 세가 된 죄인은 저주를 받은 것이 될 것임이라... 이는 내 백성의 수명이 나무의 수명과 같겠고, 나의 택한 자가 그들의 손으로 일한 것을 오래 즐길 것임이라』**(사 65:20,22).

3. 자손을 낳은 나이도 창세기 5장의 아담의 계보와 대조를 이룬다.

➠ 창세기 5:1-20에서는 100세에 아이를 가졌지만, 창세기 11장의 살라는 30세에, 에벨은 34세, 펠렉은 30세, 르우는 32세, 스룩은 30세 그리고 나홀은 아브라함의 아버지 데라를 29세에 낳았다.

4. 26절부터 성경은 노아 이래(6-10장) "개인의 역사"로 되돌아간다. 26절에서 이스라엘 민족의 조상인 아브라함이 최초로 등장하는데, 아브라함은 노아로부터 시작하여 10대 후손이다. 그는 "히브리인"(창 14:13)으로 불렸다.

■ 아브라함이라는 인물이 중요한 이유 ■

❶ 아브라함은 이교도로부터 보상을 거부했다(14:22,23).

❷ 아브라함은 십일조를 바쳤다(14:20, 히 7:5-9).

❸ 아브라함은 믿음을 통해 불가능한 것을 믿었다(15:6).

❹ 아브라함은 참 하나님께 희생제를 드렸다(15:9,10).

❺ 아브라함은 하나님의 명령에 어떤 일언반구의 이의도 없이 순종했다(17:23; 22:2,10).

❻ 아브라함은 형제를 위해 중보했다(18:23-33).

❼ 아브라함은 실제적인 부활을 믿었고(22:5), 사랑하는 독자 이삭의 생명을 걸면서까지 그 믿음을 실행했다(22:10).

❽ 아브라함은 "하나님의 친구"였다(대하 20:7, 약 4:4).

테라의 후대(27-32절)

1. 테라는 아브람과 나홀과 하란을 낳았고 하란은 롯을 낳았으며, 하란은 그의 아비 테라보다 먼저 그의 출생지인 칼데아 우르에서 죽었다(27,28절).

   1) 성경에서 "롯"이 최초로 등장한다(27절). 롯은 "낮은," "어두운 것," "어두운 색깔을 지닌"을 의미한다.

   2) 주 예수 그리스도께서는 신약 시대의 성도들에게 "롯의 날들"에 관하여 경고하셨다(눅 17:28-30). "롯의 날들"은 그 이름처럼 "어두운 날들"이며 "재림 직전에 펼쳐질 세상의 상황"을 예표한다.
      (1) 롯은 "**국제연합**"(United Nations)이 처음으로 형성되었던 장과(창 11:1-4) 동일한 장에서 처음 등장한다(11:27).
      (2) 롯의 날들에는 오늘날의 영어처럼 "**하나의 세계 공통어**"가 있었다(히브리어).
      (3) 그 사건이 일어난 장소는 "시날"인데(2절), 곧 "바빌론"이다. 그곳은 오늘날로 치면 이라크의 바그다드 지역이다. 재림 직전에는 시날 땅의 님롯의 종교, 곧 "**바빌론의 신비 종교**"가 세상을 지배한다(계 17:5).
      (4) 롯의 날들에는 창세기 13:13에서 "**동성연애자들**"이 등장한다.

2. 아브람과 나홀이 각자 아내를 얻었다. 아브람의 아내의 이름은 사래요, 나홀의 아내의 이름은 밀카였다. 밀카는 하란의 딸이고, 하란은 밀카의 아비이고 이스카의 아비였다(29절). 사래는 임신하지 못

하므로 자식이 없었다(30절).

3. <u>아브람은 "창세기 12:1"의 명령에 따라 친족과 아비의 집을 떠나지 않고, 오히려 그들을 데리고 갈데아 우르에서 나왔다(31절)</u>.

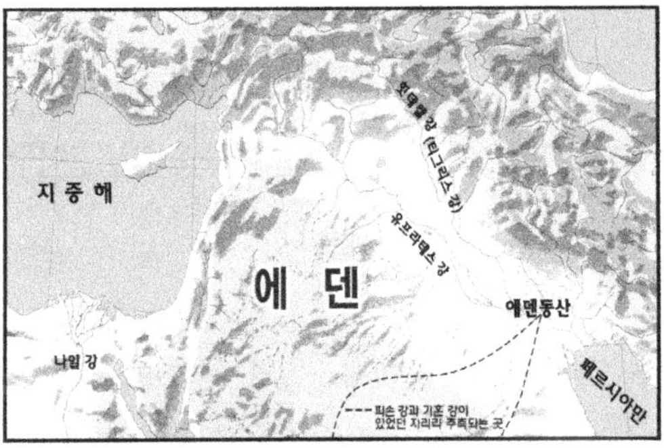

▲ 에덴의 대략적인 위치

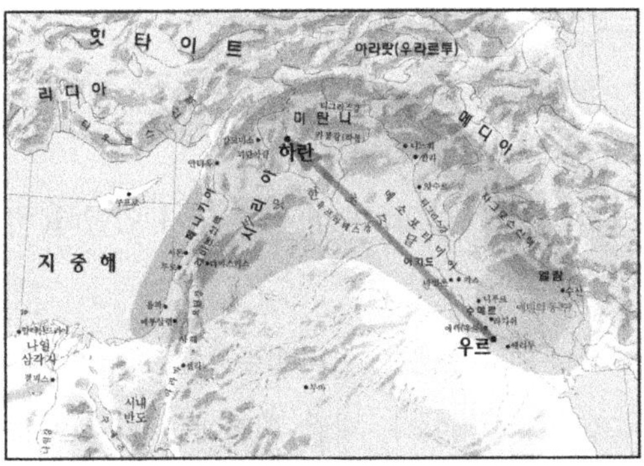

1) "갈데아 우르"는 페르시아만 끝에 과거 "에덴동산"이 있던 자리다.

2) 그들은 가나안 땅으로 가려다가 "하란"에 이르러서 그곳에 머물렀다(31절). <u>아브람은 아버지 데라(205세)를 그곳 하란에서 묻어야만 했다(32절)</u>.

(1) 처음에 갈데아 우르에서(행 7:2,3) 아브라함에게 주어졌던 명령은 아브라함만 떠나라는 것이었다(12:1).

(2) 그래서 하나님께서는 "분리 작업"을 하셨는데, 아버지 데라는 하란에서 죽게 하셨고, 롯은 목동들 간의 다툼으로 인해 아브라함과 분리되게 하셨으며(13:6,7), 결국 애초의 명령대로 아브라함의 가족만 남게 된다.

(3) <u>말하자면 아브라함의 첫 번째 순종은(히 11:8) "부분적인 순종"이었다</u>.

➡ 아브라함은 어디로 가야 하는지도 모르면서 떠났지만(히 11:8),

아쉽게도 친족들을 데리고 떠났다. 이것은 선교로 부르심을 받았는데 "가족 여행"으로 둔갑해 버린 것과 같다. **하나님의 계획 속에 들지 않는 사람들은 그들이 비록 친족이라 해도 하나님께서 완전히 분리시키신다**.

■ 새롭게 깨달았거나 적용할 내용이 있다면 적어 보세요. ■

제6과
복습문제

1. 창세기 11장에서 바벨탑을 세운 곳은 (   ) 땅이다.

2. 인간이 "나" 또는 "우리"를 강조하는 것은 본질적으로 (   )의 교만과 야망에서 비롯된 것이다.

3. 인간들이 짓는 성읍과 탑을 보려고 내려오신 하나님은 주의 (   )이셨다.

4. 하나님께서는 탑을 쌓는 자들을 흩뜨리시기 위해 (   )를 혼란시키셨다.

5. 창세기 11장에서 셈의 후대를 기록하신 이유는 (   )을 등장시키기 위함이었다.

6. "롯의 날들"은 그 이름처럼 "어두운 날들"이며 "(   ) 직전에 펼쳐질 세상의 상황"을 예표한다.

■ 복습 문제의 정답은 홈페이지(www.solomonbtc.org)에서 확인할 수 있습니다.

NOTES

NOTES

NOTES

■ 서울솔로몬학교 성경연수원 ■

『네가 진리의 말씀을 올바로 나누어 자신이 하나님 앞에 부끄럽지 않은 일꾼으로 인정받도록 공부하라』(디모데후서 2:15). 오늘날 하나님께서 원하시는 일꾼이 제대로 길러지지 않는 이유는 성경을 공부하지 않기 때문입니다. 본 연수원은 이 나라 교회들이 복음도 제대로 전하지 않고 성경도 체계적으로 가르치지 않는 것을 보고서 하나님의 유능한 인재를 양성하기 위해 아래의 교육과정을 개설했습니다.

▶ **〈킹제임스성경신학교〉 교수진의 정선된 강의와 수준 높은 성경공부 교재로 성경을 쉽고 정확하게 배울 수 있습니다.**

▶ **본 과정을 이수하면 수료증이 수여되고 〈킹제임스성경신학교〉 2학년으로 편입할 수 있습니다.**

1. 모집 대상 : 성경을 공부하기 원하는 남녀노소
2. 교육 기간 : 1박 2일(합숙 가능, 금요일 오후 7시 입소, 토요일 오후 4시 퇴소),
   1일 특강(토요일 오전 10시 입소, 오후 4시 퇴소)
3. 참 가 비 : 12만 원(교재 및 숙식비 포함)
4. 교육 과정

   1) 단기 성경연수 과정(1박 2일, 1일 특강)

   요한계시록 로마서 마태복음 요한복음 다니엘
   사도행전 히브리서 야고보서 베드로전후서 에스겔
   갈라디아서 에베소서 빌립보서 골로새서 이사야
   고린도전후서 목회서신 창세기 출애굽기 소선지서
   데살로니가전후서 여호수아 재판관기 사무엘상하 열왕기상하
   성경의 비유들 세대주의 이단연구 적그리스도 이스라엘

   2) 주일학교 성경교사 자격증반(1박 2일, 매월 1회 총 12주 과정)

   3) 한글킹제임스성경 통독교실(1박 2일)

   4) 크리스찬 청소년 리더십 캠프(2박 3일)

   5) 크리스찬 청소년 음악 캠프(2박 3일)

※ 각 과정 별로 구령하는 방법을 1시간씩 교육합니다.

www.solomonbtc.org

강화도에 위치한 본 연수원은 동쪽으로는 바다, 서쪽으로는 길상산, 북쪽으로는 호수와 넓은 들이 펼쳐져 있는 최상의 휴식처로서, 등산, 낚시, 트레킹을 할 수 있고, 일천 그루의 잣나무 숲에서 성경을 공부하고 기도하며 쉴 수 있는 최적의 환경입니다. 남녀 생활관에서 합숙이 가능하며, 가족 동반 시 게스트하우스(콘도형 빌라)를 이용할 수 있습니다. 초지대교에서 좌회전 후 4분 거리에 있으며, 지하철 5호선 방화역에서 셔틀 차량이 운행됩니다. 인천광역시 강화군 길상면 장흥로 29-6 / (02) 2665-3743

솔로몬 성경공부 시리즈

창 세 기

제2권 노아의 홍수와 바벨탑의 심판(6-11장)

초판1쇄 2021년 3월 31일
초판2쇄 2021년 5월 7일
지 은 이 / 편 집 부
발 행 인 / 이 송 오
발 행 처 / 말씀보존학회
출판등록 / 1988. 12. 12. 제16-223호
주 소 / 서울 강서우체국 사서함 제90호
전 화 / (02) 2665 - 3743
팩 스 / (02) 2665 - 3302
인 터 넷 / www.biblemaster.co.kr

값 10,000 원